JN074939

せやろがいおじさん

せやろがい！ではおさまらない

僕が今、伝えたいこと聞いてくれへんか？

WANI BOOKS

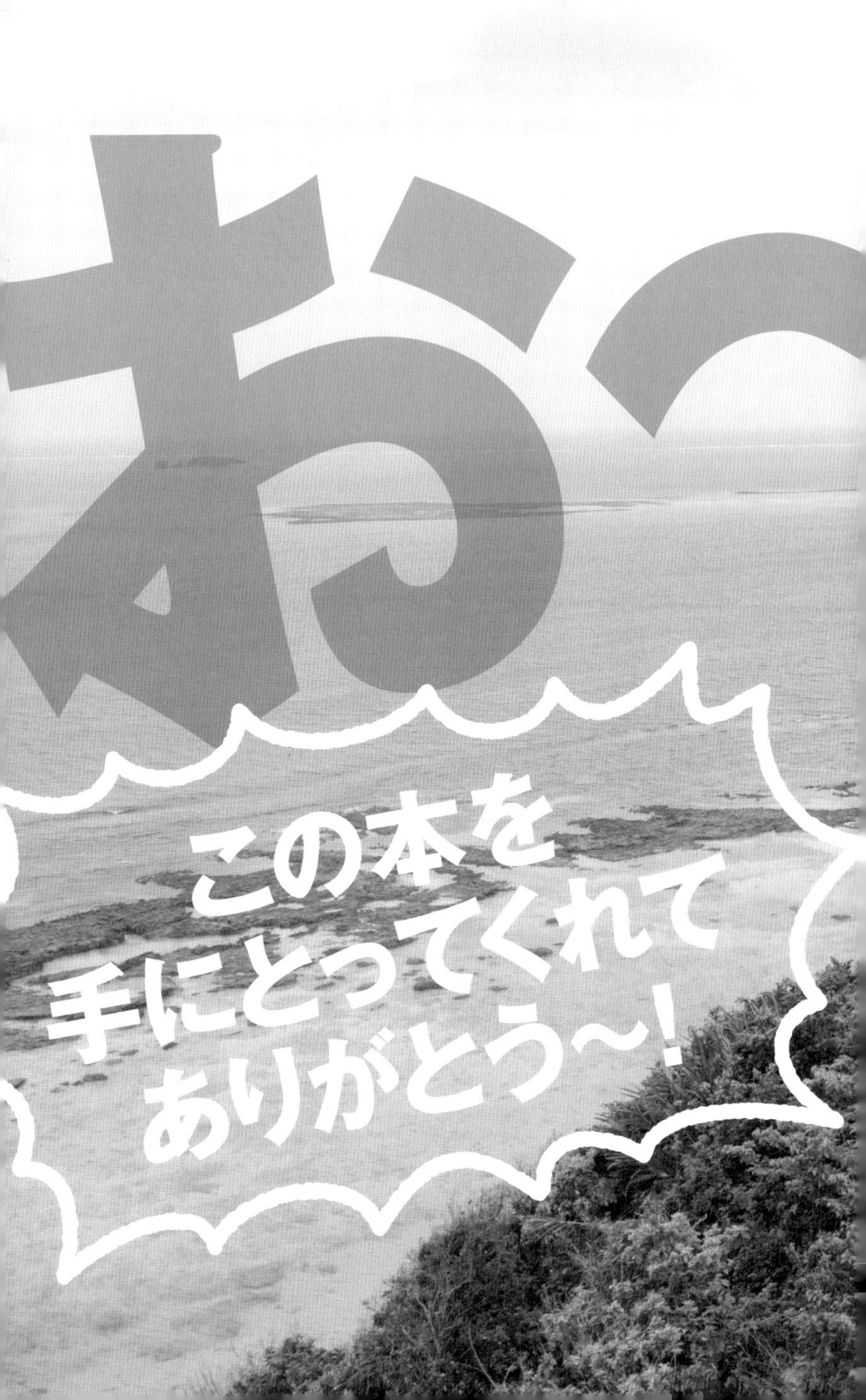
おっ
この本を
手にとってくれて
ありがとう～！

はじめに

SNS上で叫んでいる、ふんどし姿の
おじさんを見たことはありませんか？
それが僕です。

奇天烈な衣装で、暑苦しく何かを叫んでいる。
こいつはいったい何者やねん！　と思った方もいると思います。
僕はせやろがいおじさんという名前で、
ネットに動画を垂れ流しているお笑い芸人です。

普段は沖縄でお笑い活動をしていますが、
ユーチューブをはじめたきっかけは
芸人としてまったく売れる兆しがなかったからなんです。

まあ、意外でもなんでもないですけどね。

最初の頃は、しょうもないお笑いネタからはじめた投稿も、
試行錯誤の上、ふんどしをしめて時事ネタを叫びだしたら反響があり、
ありがたいことにようやく僕を知っていただけるようになりました。

いや本当に、いつもふんどし姿のおっさんの動画を
見てくれているみなさん、ありがとうございます！

そして、暑苦しく怒鳴りちらしている動画をまだ見たことがない人、
文章なら、どうにか見ていられるという人もいらっしゃるかと思いますので、
良かったら、僕の話にお付き合いください！

SEYAROGAI
PROFILE

せやろがいおじさん
ってナニモノ!?

せやろがい
ハチマキ
その辺にある赤いタオル。
たまにつけるのを
忘れる……

せやろがい
アイ
コンタクトは苦手……
メガネが相棒！

せやろがい
ポーズ
実は、トリケラ
トプス拳(バキ)
なのかも……？

せやろがい
ふんどし
衝撃の秘話アリ!?
▷続きは次のページ

せやろがい
スパッツ
ポロリ事件を
未然に防ぐ！

誕生日
9月17日

身長
174cm

本名
榎森耕助《えもりこうすけ》

コンビ名
リップサービス

せやろがい
レッグ
ケガ アリ……

僕の漫才も
見たってな～！

実は、ユーチューブをはじめた当初は、まったく注目されませんでした。

まあそりゃそうで、地方のお笑い芸人がやるお笑いなんて、誰も興味がない。テレビをつけたら知名度のある芸人さんが一流のスタッフと超面白いものを作っているし、ネットでも人気ユーチューバーが面白い動画を上げているし、知らんやつのお笑い動画なんて、誰も見ないですよね。

そこで、じゃあまずはSNSで広がるようなコンテンツを作ろうと考えた結果、「あるあるネタ」を叫んでやろうと思ったのが、「せやろがいおじさん」をはじめたきっかけです。みなさんの共感を得ることができたら、拡散してくれるのではないかな？　とも思ったりしつつ……。

最初はその「あるあるネタ」を、ひとり、室内で撮ってみたんです。

でも、いざ動画を編集してみたら、はじめの1分で**「これ誰が見んねん！」**と、自分でツッコミを入れるほどの出来。くたびれたおっさんのひとり語り。画的な華もインパクトも皆無。これは誰も見んぞ、と……。

SNSではよっぽどの引きがないと指を止めてもらえない、タイムラインの中で埋もれてしまう……。まずは、指を止めてもらえる絵面にしないとアカンなと思い直して、衣装を奇天烈なものにしてみるというところから再スタート。

そして、ちょうどそこにあった「ふんどし」を手に取ったんです。


本当にたまたま、そこにふんどしが。

というのも、応援しているバスケットボールチームの試合を見て、すごく感動したことがありまして。「めちゃくちゃ頑張ってるやん。俺より、全然頑張っている人に向かって、なに偉そうに応援してるんやろ……。自分がもっと頑張れや！」って気持ちになったんです。そのときの僕の情緒が心配になりますよね。「俺も芸人として頑張るぞ！」って頭がポッポしている僕。

そこで最初にやったことが、ふんどしを買うことだったんです。「お笑いと言えばふんどしやろ！」というナゾの勢いで買ったまま、長らく使い道を見いだせずにいたものが、まさか僕のアイデンティティの一つになるとは……。

でも、室内でふんどしのおっさんともなれば、余計に目も当てられない状況。そこで、おっさんの暑苦しさを中和するには沖縄の海を借りるしかないと、知り合いのドローンカメラマンにお願いして、動画を撮りはじめることになりました。

沖縄の海〜!いつも動画に爽やかさを加えてくれてありがとう〜!!

テロップをバーンと大きくのせる見せ方にしたのにも、ちゃんと理由があります。ちょっとでも気になるフレーズや単語が目に入って、指を止めてくれたらいいなと思って、一番売りたい〝顔〟すらも覆い隠すほどの大きさにしたんです。でも、テロップを大きく出すことで、バスや電車などの公共の交通機関の中でも、音を出さずに内容を確認してもらえるようになった、という利点ができたのは、不幸中の幸いですね。

動画を見て「海ええな〜」って沖縄の海ファンになってくれた方から、コメントを頂けたのも、嬉しかったです。

まあでも、そんな海ファンの方から、最終的に**テロップとおじさんが邪魔**と言われる、悲しい事件も起きておりますが……。

何はともあれ、これからも色んな話題を取り上げながら、知ること、声を上げることの大切さを「せやろがいおじさん」を通して伝えていけたら、と思っています。

はじめに 004
SEYAROGAI PROFILE 006
僕が「せやろがいおじさん」になるまで 007

CONTENTS

第1章

気になる 社会問題について 一緒に考えてこ～

タトゥーについてどない思う？ 018
マスゴミって大雑把に使ってへんか～？ 024
僕も無自覚ミソジニストやった…… 032
LGBTQ について考えよか～ 040
僕の〝顔でか〟コンプレックスとルッキズム 048
今の働き方ってやっぱりおかしいで 056
伝統と悪習を仕分けてこ～か 064
COLUMN 1 「せやろがいおじさん」のこれまで 070

第2章

政治への苦手意識なくしてこ〜

政治と切り離せないオリンピック問題 076

沖縄の基地問題について知っとるか〜? 084

政治的なこと言うたら大炎上してもうた 094

「若者の政治離れ!」って言うてるおじさんたちへ 104

僕は安倍政権を応援してました! 114

〝右〟や〝左〟って何なん? 122

COLUMN 2 せやろがいロケ地紹介 128

第3章

ネットや人との向き合い方について話すで～

一応、ユーチューバーやらせてもろてます 134
全員に認められなくてもええやん？ 144
僕が叫ぶ理由について話そか～ 154
会話のキャッチボールをさせてくれ！ 160
小声でもええから声上げてみよ～ 172
僕も自信満々で叫んでるわけちゃうんやで 182

おわりに 188

第1章

世の中には色々な社会問題があふれていますよね。

そもそも、社会問題と一言に言っても、その根底にあるものは差別だったり、時代の変化に追いついていない法律だったりと様々です。

この章では、僕が動画で取り上げたテーマの中から、さらに掘り下げてお伝えしたいことを中心に、みなさんにも関係が深いであろうトピックについて、お話させてください。

気になる
社会問題について
一緒に考えてこ〜

0:17/1:92

タトゥーについてどない思う？

車の免許は、定められた期間に必ず更新をしなければいけませんよね。

人や物にも多様性が重要視される現代、これまで社会一般で常識とされていた一つの枠に当てはめた考え方や価値観も、更新の時期に来ているのかもしれません。

そんな価値観更新の時期に差し掛かっているものの一つとして、入れ墨・タトゥーが挙げられます。

入れ墨は、江戸時代に犯罪を抑制する目的で、前科者《ぜんかもの》のしるしとして入れられていたという歴史があったり、反社会勢力の人たちが入れていたりと、世間的なイメージは決して良くありません。

しかし、近年は海外タレントやアーティストの影響もあってか、**ファッションとしてタトゥーを楽しんだり、大切なメッセージをタトゥーにして体に刻んだりする人も増えています。**このようなタトゥーと、反社会勢力の入れ墨を一緒くたにして、否定的なスタンスで接していいのでしょうか。

そんな問いを社会に投げかける出来事が、2018年の夏頃に起こりました。とあるタレントさんが、自分のパートナーとお子さんの名前のタトゥーを体に入れたのですが、そのことで世間からバッシングを浴びたのです。その方は、タトゥーを入れた意図として、**「家族の名前をタトゥーとして刻んだ体で、大切な家族の笑顔を守る」**といった趣旨のことを述べています。

世間が批判するように、タトゥーを入れることで「温泉やプールに入れなくなる」「世間の見る目が厳しくなる」というマイナス面はあると思います。

しかし、このようなマイナス面は、あくまで社会の側にタトゥーを受け入れる下地がないことによって生まれるもので、そのタレントさんがタトゥーに込めたメッセージそのものは、批判されるようなものではないと思っています。

タトゥーの価値観が多様化する中、大切な人へのメッセージや、自分の決意の表れとしてのタトゥーも多く存在しているのです。ならばこれからは、「入れ墨・タトゥー＝完全にＮＧなもの」と断定するのではなく、**タトゥーが発しているメッセージは受け入れられるものか、そうでないのか、「考える余地」ぐらいはあってもいいのではないでしょうか。**

ただ、タトゥーに対して「考える余地」がある社会になっていくと、困るのは銭湯やプールで働く人たちです。これまではタトゥーが入った人は全てお断りすれば良かったのが、タトゥーを一つひとつ見て対応しなければならないからです。たとえば、鬼が金棒を持って暴れているタトゥーだと「威圧的だから」とお断りすることもできるかもしれませんが、その鬼の体に家族の名前が刻まれている場合は？　ひょっとしてその人のパートナーが鬼嫁で、鬼そのものが家族を表している、なんてことがあったら？　こうなると非常に難しいですよね。

ならば、「反社会勢力でタトゥーを入れている人はお断り」だったらどうでしょうか。いやいや、最近は政府が反社会勢力を定義できないと閣議決定したり、タピオカ販売という社会的に真っ当な方法で収入を得る反社会勢力も登場しています。そんな中、タピオカのタトゥーを入れた強面《こわもて》の人が入ってきた場合はどうする？　などなど、考えるだけで頭が痛くなりますね。

これは温泉・プール業界から猛烈な反発が来ることが想定されますし、僕が従業員だったら「**いやいやいやいや、判断こっちに丸投げか〜い**」とオーナーに直談判しちゃうかもしれません。

アンチタトゥーの確固たる信念を持ったプール職員が、あふれる気持ちを表現するために「タトゥー反対」というタトゥーを入れる可能性だってあります。

様々な価値観を持つダイバーシティ（多様性を尊重する社会）は、一つひとつの価値観と向き合い、それぞれ個別に対応する必要があるため、一つの価値観に固定化された社会よりも頭を使うことになるでしょう。

そこで、より多くの価値観に対応できる社会にすべく頭を動かし続けるのか、一つの価値観に固定化された社会で思考を停止させるのか、**日本人のこれからを問われているのかもしれません**。


なんだか話が大きくなりましたが、僕自身は、タトゥーのことをカッコイイと思う人たちが、自由にファッションとしてタトゥーを楽しめたら素敵やなと思っているので、みなさんも自分にとって受け入れられるものなのか、そうでないのか、一度考えてみる余地があってもいいのではないでしょうか。

第1章

「タトゥー＝悪いもの」は もう古い

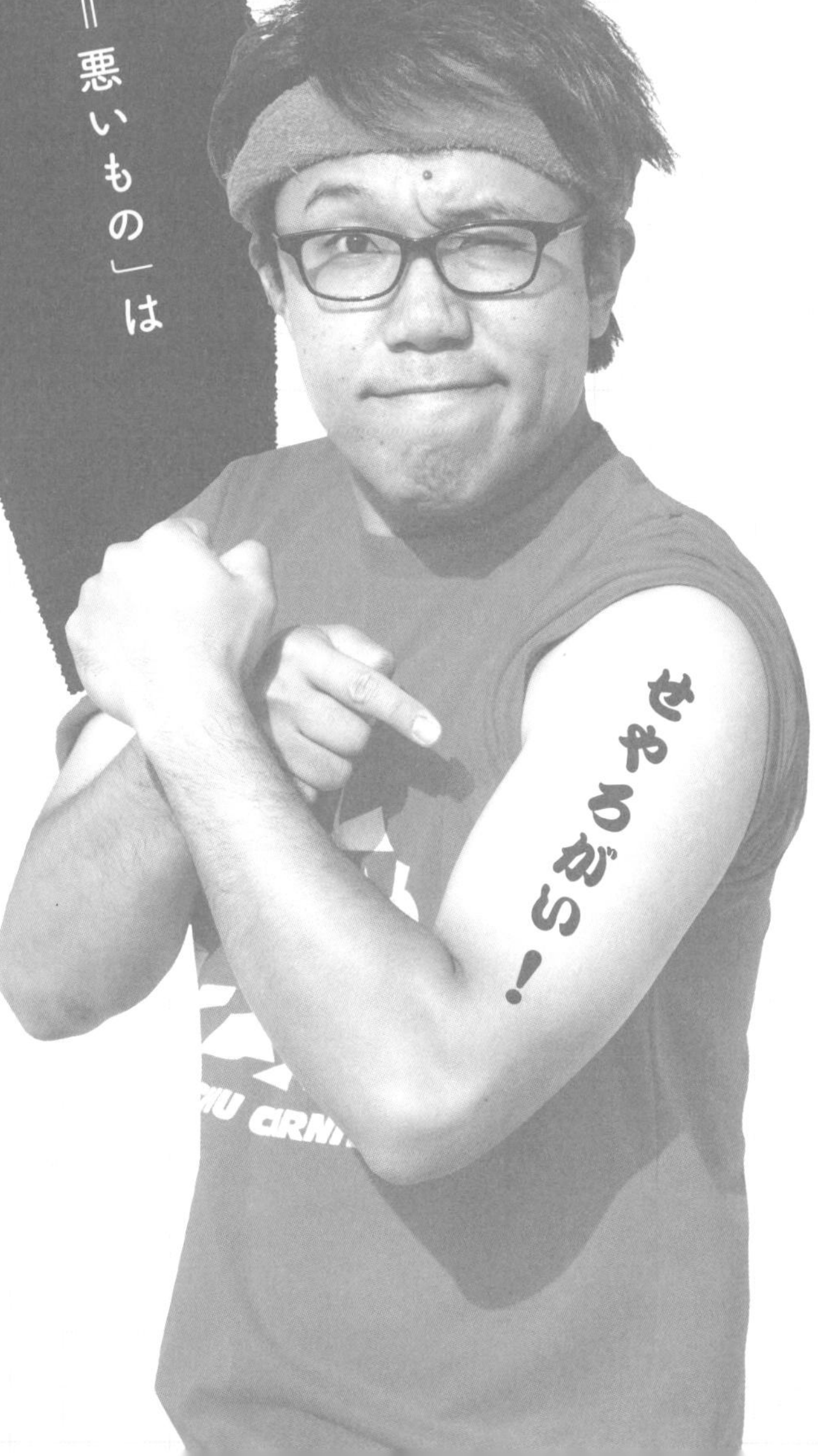

マスゴミって大雑把に使ってへんか〜？

昨今、マスコミのことをマスゴミと揶揄《やゆ》する風潮がありますよね。あまり美しい言葉ではありませんが、そう呼ばれる理由として、やはり、マスコミにも問題点が多々あると感じています。

よくある話だと、芸能人への行きすぎた取材などは、たびたび問題になっています。たとえば、歌手の安室奈美恵さんが引退する際、安室さんのご親戚のところにまでマスコミが押しかけ、安室さん本人が「やめてください」という発言をされても、まだやめなかった。とてもひどい状況でしたから、この件については、僕も動画を作りました。

つまるところ、視聴率を稼ぐためなら人の迷惑やモラルを考えず、なんでもやってしまうという体質があるわけです。僕はマスゴミとまでは言いませんが、**それは、マスコミによるハラスメント、「マスハラ」だと思っています。**

あるいは、僕がこれまでに扱った動画の中で言いますと、2019年に起きた京都アニメーション放火殺人事件で、複数のメディアが犠牲者全員を実名報道した件。もちろん、**事件の重大性を正確に伝えるため、悲しみを社会で共有し再発防止につなげるため**といった、マスコミなりの〝言いぶん〟があったのかもしれません。特に、実名報道に関しては、**デマなどの間違った拡散を防ぐため**という〝理由〟があるのは理解しています。

それでも、遺族の方の了承、理解を得られないまま報道してしまうことは、やはりマスコミの傲慢《ごうまん》ではないかと感じます。立派なマスハラですよね。にもかかわらず、定年を半年延長するという異例の法解釈が話題になった黒川元検事長と賭けマージャンをした新聞記者は、実名報道されていません。政府と対立するはずの検事長という立場の人に、有益となる法解釈が行われたこと、そしてそんな政府の不正ともとれる行動を監視する立場の、報道に身を置く人間が「賭け」マージャン……。このダブルスタンダードは厳しく批判されるべきだと思います。

それから、気になるのは薬物報道です。マスコミの報じ方によって、誤解を招いたり、薬物依存症の治療に取り組んでいる方の治療を阻害する面があることを忘れてはいけません。マスコミが薬物中毒者に対してガンガン人格否定をすると、治療に取り組んでいる方が社会復帰の希望を失いかねないのです。「治療を頑張って薬物から離れても、こんな風に叩かれるんだったら、なんでこんなに頑張ってるんだろう？」と再使用につながってしまったり。マスコミが白い粉のイメージ画像を使ったがゆえに、それを見て再使用してしまいたくなる、というケースも……。そういった側面を知らずに報道するのは、これもやはりハラスメントだと思うんです。

とはいえ、マスコミ全体がダメだということは決してありません。僕自身がマスコミ（ＴＢＳの情報番組「グッとラック！」）と関わらせていただいた中でも、番組スタッフさんの熱意や真面目さに心打たれる場面が、多々ありました。「どういう風に報道したら伝わりやすいか」「問題点をわかりやすくするために、どういう切り口があるのか」と、みなさん、本当に真剣に考えていらっしゃいます。マスゴミと強い論調で揶揄する人たちは、全ての報道機関を「全部ダメ！」と言う傾向にありますが、そんなことはないんです。もちろんＴＢＳさんの全てが素晴らしいわけではなく、「ん？」と思うこともあります。自分の動画でＴＢＳ批判をしたこともあるぐらいです。

そもそも、テレビと一口に言っても、この国にいくつの放送局があって、いったい何人の人が働いていると思いますか？　おそらく、局によって、番組によって、まったく違うはずです。だからこそ、僕は全てを一緒くたにしてマスゴミと言い切ることは、どうしてもできません。

これって、日本人が全員、寿司を握れるわけじゃないし、ブラジル人が全員、サッカーが上手いわけじゃないし、フィンランド人が全員、キシリトールのガムを噛んでるわけじゃないことと同じだと思うんです。全部をひとくくりにして「ゴミ」と言うのは、いささか強引すぎるのではないでしょうか。つまり、「マスゴミ」とひとくくりにするのは〝雑〟なとらえ方であるということを、ぜひ認識しておいていただければと思います。

また、マスゴミと呼ぶ人たちの中には、どうもマスコミに対する〝思い込み〟が膨らみ過ぎている傾向があるような気がします。「マスコミは中国からお金を貫ってるから、政権を批判することしか言わない」と言う人もいれば、「メディアは政権とずぶずぶだから、擁護することしか言わない」と言う人もいる。同じメディアを評しているのに、これだけ意見が分かれるのですから……。

その、メディアに対する〝思い込み〟のはげしさを実感したのは、先述した「グッとラック！」に出演するようになったときのことでした。僕の動画に「メディアに懐柔《かいじゅう》されたんか？」「メディアに忖度《そんたく》するようになったな」「メディアの犬か？」なんてコメントが、本当にいっぱい来たんですよ。その中で「政権批判のＴＢＳ！」「政権を擁護するＴＢＳ！」など、真逆のコメントも多々ありました。同じテレビ局でも、番組や出演者や製作者が違うわけですから、どの番組をどの点に着目して見るかでまったく印象が変わるんです。

〝思い込み〟どころか、もはや〝妄想〟の域に達している場合もあります。僕が薬物報道のあり方に関しての動画を投稿した翌日、ある女優さんが薬物所持の疑いで逮捕されたことがありました。あまりにタイミングが良すぎたので、「せやろがいさんは、テレビ局とつながっているから、こんな情報が早めに入ってくるの？」と、多くの人から聞かれたのですが、これは本当にたまたま。そう、偶然だったんです。逆に、テレビ局から「ユーチューバー独自の情報網で、情報を仕入れたんですか？」と言われたくらいです。**それだけマスコミに対する〝妄想〟が強い、ということの表れではないでしょうか。**

冒頭でも述べたように、確かにマスコミには改善すべき点も多くあります。これから変えていくべき報道の仕方もあることでしょう。でも、「マスコミ=マスゴミ」とひとくくりにするのはあまりにも〝雑〟。

みなさん自身のマスコミを見る目に〝バイアス〟がかかっていないか、一度チェックしてみる必要があるかもしれません。

案外、認識歪んでるんと
ちゃうんか〜？

せやろがい！

第1章

僕も無自覚ミソジニストやった……

僕は3年前まで、女性蔑視の発言で笑いを取るミソジニストでした。あぁ恥ずかしい。できればこんなことは書きたくありません。自分の黒歴史を、なぜ自ら世間に公開しなければならないのか。勘弁してくれ……と悶絶しておりましたが、書くことにします。ちなみに、僕も自覚するまでは知らなかったのですが、ミソジニストとは「女なんて所詮○○だよね」といった、女性を下に見た考え方をする人のことを言います。そんな風に無自覚に女性蔑視発言を連発していた人物が、いかにして差別意識を自覚し、どのように差別意識と向き合うようになったのか、という体験談から学べることは多くあると思うので、気は重いですが、書き進めていこうと思います。

僕は、「せやろがいおじさん」というキャラクターで動画を作る前は、バラエティ企画の動画を作成してユーチューブにアップしていました。

いかにもユーチューバー的なドッキリ企画や、大喜利企画、「うんこ」を使った例文で沖縄方言を学ぶ「うんこ沖縄方言講座」というオマージュ企画など、バカバカしい動画を量産してネット上に垂れ流しておりました。そして、様々な動画を作っていく中で「せやろがいおじさん」というキャラクターが生まれ、**SNSで拡散していただくというラッキーが起きたんです。**拡散され、様々な人の目に触れる機会が増えると、動画に対してよせられるご意見の数もグッと増えていきました。これまで作った動画に対して指摘や批判の声を頂戴することも多くあり、その中でも特に厳しいトーンで批判を受けている動画がありました。

その動画は「女子がSNSで載せる画像について吼《ほ》える！ ティックトックでもお馴染み！」というタイトルで、女性が自撮り写真をありとあらゆる手法で加工し、ＳＮＳにアップすることについてツッコんでいくという内容のもの。加工を施した画像を見て、実際の女性に会ったら「いやブス来た〜！」というリアクション……。この、ありえないツッコミが特に批判を集めました。この他、全国的にも人気のある有名芸人の方に「Ｓ級の美人を用意しておきますんで飲み会しましょう」的なゲス発言をした動画にも指摘や批判を頂きました。ユーチューブに限らず、過去のテレビやラジオなどの発言も批判の対象となり、そのときの動揺は今でも鮮明に覚えています。

なんとか火消しを図《はか》りたかった僕は、批判を受けた動画を削除しました。が、これは完全に悪手でした。動画の当該部分はスクリーンショット、いわゆる「魚拓」をとられており、問題部分だけが切り抜かれ拡散される始末。〝削除するとより広がる〟というネットの特性も知らずにＳＮＳを運用していたということに、今振り返ってみるとゾッとします。そこで、「もうこれはしっかり問題に向き合って、謝罪するしかない！」と思い、批判コメントに対して謝罪の返信をしました。しかし、このときの謝罪の言葉がこれまた最悪で、火に油を注ぐ結果になります。その謝罪コメントは「女性蔑視のつもりはありませんでした。誤解を与えて不快な思いをさせたのであれば申し訳ありませんでした」といった内容のもの。どこにでもあるようなありふれた謝罪の言葉ですが、実はこれ、最悪の謝罪だったのです。なぜなら、**問題の原因を「誤解」というコミュニケーションエラーにすり替えて、問題の本質である差別意識については「あなたの誤解です」と受け手側に責任を追わせているからです。**誤解を与えるような表現をしたことについては謝罪していますが、自らの差別意識については謝罪するどころか積極的に否定をしている、「謝罪風弁解」なのです。大変に姑息《こそく》でみっともない発言でした。

政治の世界でも、この「誤解を与えたならごめんなさい」という謝罪風弁解は乱発されており、憤りを感じるとともに「**その気持ちと失敗……、めっちゃわかるでぇ〜！**」とシンパシーを感じてしまいます。

では、なぜ当時の僕は、このような謝罪をしてしまったのか。それは、**本気で「自分には差別意識なんかない」と思っていたから**です。当時の僕には、確実に女性蔑視の差別意識があったと思います。しかし、それを自覚していなかったのです。そのため、「お前はミソジニストだ！」と指摘してくる人を、あたかも的はずれなクレーマーのように感じていました。しかし、多くの批判を受けることによって、僕の中でも「あれ？　ひょっとして俺の中に、差別意識があるのか？」と思いはじめるようになります。そこで、自分の動画をもう一度振り返り、自分の差別意識と向き合うことにしてみました。そのときの僕の脳内会議を、簡単にご紹介していきたいと思います。

「画像を加工してSNSにアップする女性に対してツッコむことの、何が女性蔑視にあたるんやろう……？」

「必死に自分を良く見せようとする女性、滑稽《こっけい》やん。そこツッコんだら面白くね？」

「ん……？　ちょっと待て。写真を加工してＳＮＳにアップしてるのって、女性だけか？」

「男性も、普通に加工アプリを使った写真をＳＮＳにアップするよな？」

「じゃあ何で俺は『女性』というくくりで動画を作ったんやろか……」

「あー！　女性を茶化したら面白いって感覚が、俺の中にあるやん！　それってモロに差別意識やん！」

ここで初めて、自分の差別意識を自覚するに至りました。本当に衝撃でした。まさか自分に差別意識があるなんて……。

差別意識は口臭に似ていると思うんです。知らず知らずのうちに、口から悪臭を放って周囲を不快にさせているけれど、自分では気づいていない。周囲に「お前、口臭いよ」と言われたら、本当に自覚がないのと、認めたくない気持ちが相まって「僕の口は臭くありませんが、あなたがそう感じる鼻を持っていたのであればすみませんでした」といった、ナゾの謝罪をしてしまうのです。

でも、そうじゃない。**本当に必要なのは、自分の口の臭さと向き合い、悪臭を自覚した上で適切なオーラルケアを行い、臭いの元を改善することなのです。**

こんなに偉そうなことを言っていますが、僕自身、現在もミソジニー的な考えから完全に脱却しているわけではないと思います。長年の差別意識が、そう簡単にぬぐい去れたら苦労はありません。そして、まだ自覚していない差別意識が潜んでいる可能性だってあります。もっとも危険なのは、**「自分は差別意識なんかない」という思い込み。なぜなら、差別意識の自覚を遠ざけてしまう可能性があるからです。**「ひょっとしたら、自分の中にも差別意識があるかも」という認識をしておくことも、大切なのではないでしょうか。

自分を疑ってみるぐらいが
ちょうどええんとちゃうか～？

せやろがい！

第1章

LGBTQについて考えよか〜

歴史の教科書に名を連ねる人物の中にも、男色家の方は結構多かったりします。かの有名な織田信長も、男色家だったと言われていますね。もしも、織田信長が本能寺で明智光秀に自害に追いやられていなければ、信長の政策によって同性婚が導入されていたのではないか、いや、ひょっとしたら「男性は男性を、女性は女性を愛すべし」みたいな制度や風潮ができていた可能性だってあるかもしれません。**自分が生まれてきた世界線ではたまたま異性愛者がマジョリティ**（多数派）**なだけ**で、場合によっては自分のセクシャリティがマイノリティ（少数派）だった世界線もあり得たのではないかと考えると、いかに今のこの世界線が理不尽か見えてくるような気がします。

性的指向って、生まれながらにして決まることが多いので、ほぼ「性的指向ガチャ」を引いてるようなものだと思うんです。ソーシャルゲームなどではレアなアイテムを手に入れるほどゲームを有利に進められますが、性的指向はレアであればあるほど生きづらい世の中ですよね。**自分の意思でコントロールできないことで生きやすくなったり生きづらくなったりするのは、やはり理不尽だと思いませんか?**

こういった理不尽な状況も、ここ十数年で確実に変わってきており、性的マイノリティと言われるLGBTQの方々への理解が広がっています。理不尽がちゃんと淘汰されつつあるという現状には、「まだまだ世の中捨てたもんじゃないな」と感じさせられます。僕がまだ学生だった頃は、そもそもLGBTQなんて言葉も認知されておらず、「オカマ」や「オナベ」、あるいは「ニューハーフ」などと言われていました。世間的な空気としては、好奇の目で見る存在、好奇の目で見てもいい存在だったように記憶しています。僕自身も、いつも二人で遊んでいる仲良し男子二人組に対して「ホモキャラ」認定をし、ひどい言葉でからかったりしていました。タイムマシーンがあったら、昔の自分をどつきたい気分です。イジられていた級友たちには本当に申し訳ない。**そしてあのとき、もしクラス内にLGBTQの人がいたとしたら、どんな気持ちで過ごしていたのだろう？**と考えることがあります。きっと、いたたまれない気持ちで、毎日を過ごさせてしまったのではないか。自分の性的指向がクラスメイトにばれてしまったら、こんな差別と偏見と誤認識をミックスして煮詰めたようなイジリの対象になってしまう……。さぞかし生きた心地がしなかっただろうと思います。

今の時代に、このような「ホモイジリ」をするようなことがあれば、恐らくたくさんの批判を受けることでしょう。ここまで世間の空気が変わり、世の中にLGBTQへの理解が広がって、誤認識や偏見の目が少なくなったのは、**声を上**

げてきた方々がいるからだと思います。世間に誤認識と偏見が蔓延《まんえん》しているときに声を上げるのは、本当に勇気のいる行動だったことでしょう。僕も様々な社会問題を扱っていく中で、よく、「声を上げても変わらないから無駄」という意見をぶつけられることがあります。確かに、誰かの一声で世の中が一気に変化することはありません。しかし、LGBTQの方々が粘り強く声を上げ続け、世の中の空気がここまで変わったことを考えれば、声を上げることには意味がある。声を上げ続ければ少しずつ良くなっていく。そんな風に思えて、「**まぁ黙るよりは、思うこと言っておこうか**」と考えています。

今後さらに、LGBTQの方々への理解が広まっていくと思われますので、今はLGBTQへの偏見や差別が残っている最後のタイミングなのではないかと感じます。つまり、もうこの段階まできているにもかかわらず、いまだにLGBTQに対して誤解に基づいた偏見や差別的発言をしている人や作品は、はっきり言ってやばいと言っても過言ではありません。数年前に、「同性婚を認めたら、結婚する人が減って少子化が進む」といった旨の発言をした政治家がいらっしゃいました。理屈としては、同性婚を認めることで同性のカップルが増えて、出生率が下がるというものですが、ツッコミどころしかありません。**はたして、法律によって自分の性的指向が変わるという器用な方は存在するのでしょうか。**僕は男性で、恋愛対象や性的対象は女性ですが、同性婚が認められたからといって「じゃあ男性のことを好きになろうかな」とは思いません。なので、同性婚を認めたからといって、異性愛者の夫婦が減り、出生数が減少するなんていうことはあり得ないのです。

また、もしも人類が男同士、女同士でしか子どもを作れない生物だった場合、「少子化のために男性と結婚して子作りに励め」と言われても僕にはできません。**国の状況がどうであろうと、法律がなんだろうと、自らの性的指向をねじ曲**

げることなどできないのです。つまり、同性婚について少子化を絡めて話をするというのは、個人の性的指向をないがしろにして、国のために結婚して出産してくれと言っているのと同じこと。そんなの、少子化社会ならぬ笑止化社会ですよ。

あえて国益の面で考えてみましょう。日本は世界的に見ても自殺者数が多い国で、その中でも特に**LGBTQ当事者の自殺率は異性愛者と比べて約6倍高い**という京都大学の調査結果が出ています。パートナーとの関係を社会的に認められない絶望感や、家族や知人から理解を得るのが難しく、自己肯定感が低下することなどが原因として挙げられています。そんな中、学術誌「Journal of Epidemiology and Community Health（疫学と地域保健）」に掲載された論文によると、デンマークとスウェーデンの2国では、**同性婚が認められたあとに、同性カップルの自殺率が46%も減少したというデータが出ています。**同性婚を認めることで、社会的に認められた存在として生きられるようになったことが理由と見られています。

また、異性カップルの自殺率も28％減少するなど、国全体の自殺率を下げるという結果が出ています。少子化対策を行って出生率を高めることで、今後社会をになう人材を確保するということは非常に重要ですが、多くの人が生きやすい社会にして、自殺率を減らすというのも、社会をになう人材を確保する上で重要なことではないでしょうか。

もう一つ、アメリカのウィリアムズ研究所によると、２０１５年にアメリカで同性婚が認められて以降、約４２００億円もの経済効果があったそうです。自殺率を減らし、経済効果も期待できる。同性婚を反対し続けている方が、国を滅ぼしそうな勢いです。


繰り返しになりますが、今はＬＧＢＴＱへの偏見や差別が残っている最後のタイミングだと思います。沖縄にある那覇高校では、性別に関係なく制服を選択できる制服選択制が導入され、これに反対した生徒はわずか3・6%でした。若い世代の意識は確実に変わってきています。ＬＧＢＴＱへの偏見や抵抗感を感じている方はまだまだ多いとは思いますが、変わっていく世の中に対応できる人が、少しずつ増えればいいなと思います。

吹きはじめてる新しい風に当たってみたら案外気持ちいいんとちゃうか～
せやろがい！

僕の"顔でか"コンプレックスとルッキズム

みなさんは、「ルッキズム」という言葉をご存知でしょうか。人の価値をルックスで評価し、身体的に魅力的ではない人物に対して差別的な扱いをすることを意味します。

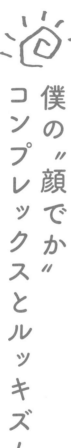

差別というと大げさな感じもしますが、身体的な特徴を「**イジられる**」という経験をしたことがある人は、少なくないのではないでしょうか。

かくいう僕も、人より顔が大きく、これまでの人生で、このコンプレックスにずいぶん悩まされました。**写真を撮るときは必ず「榎森の顔がレンズに収まってない」「遠近法で近く見えるぞ、もっと後ろに下がれ」といった顔でかイジりが入ります。**イジる側は大抵「こんな面白イジりを繰り出す俺のお笑いスキルどや」的な恍惚《こうこつ》とした表情をこちらに向けてくるのですが、こちらサイドとしては、この手のイジりを通算1000回以上されてきているので、なんの新鮮みも面白みもありません。平凡な発想をドヤ顔で繰り出されるいたたまれなさと、コンプレックスを刺激される不快感が相まって、僕はすっかり写真撮影が苦手になってしまいました。

多感な時期は特につらかったことを覚えています。僕の中学校では、自転車通学の生徒は学校指定のヘルメット着用を義務付けられていたので、中学校に上がる際に、最寄りの自転車店に学校指定のヘルメットを購入しに行ったんです。しかし、**僕の頭のサイズが規格外すぎて、もっとも大きなサイズでも収まりません**。店主には「4年に1回は君のような子が来るんだよ」という、どう受け止めればいいかわからない慰めの言葉をもらいました……。途方にくれる僕に対して店主が続けて「特注で、もっと大きなサイズのヘルメットを注文できるよ」というナイスな救済措置を提案してくださり、僕は特注のヘルメットを購入することにしました。

学校指定のヘルメットは半キャップタイプのもので、僕はそのタイプのワンサイズ大きいものが届くのだろうとイメージしていました。しかし、実際に届いた特注ヘルメットを見て、愕然《がくぜん》としました。受け取った特注ヘルメットは、機動隊の方が着用するようなゴリゴリのフルフェイスだったのです。**特注が過ぎるぞ！**

同級生が半キャップのヘルメットで通学する中、なぜ僕だけがフルフェイスメットで通学しなければならないのか。ひとりだけ防御力が高すぎる……。

あとで聞いた話では、その頃、僕は一部の学生から「隊長」と呼ばれていたらしいのです。見ず知らずの上級生から敬礼をされ、戸惑ったあの日々のナゾが解けて嬉しいやら、やはりみんなに「こいつだけ防御力が違うぞ」と思われていたことが悲しいやら。

雨の日に無類の利便性を見せたのは唯一のメリットでしたが、好奇の目にさらされ、毎日の通学がまるで罰ゲーム。この経験はなかなかに強烈で、自分の中に顔でかコンプレックスを確立させるには十分な出来事でした。

一時はこの顔でかコンプレックスをこじらせ、「俺は隣に並んで歩く女性の顔を、小顔に見せている。それに比べて小顔の男は何を考えているんだ」という小顔ヘイトに走り、アンチ小顔の活動を展開していた時期もありました。

面の皮が広辞苑《こうじえん》クラスに分厚くなった今は別ですが、多感な時期は顔でかイジりに対して、割と本当に傷ついていたんです。しかし、**落ち込んだ顔をすると場の空気が悪くなり、「冗談じゃ〜ん」「真に受けるなよ〜」といった言葉を浴びせられ、「ノリ悪いやつ」「冗談通じないやつ」認定されてしまう。**傷つくことも許されず、ほとんどプチ地獄だったと思います。

もちろん、このような経験は大なり小なり多くの人が経験してきているもので、僕だけが特別つらかったとは思いません。こういったことを経て、コンプレックスへの対処法を身につけていくのだろうと思います。

僕の場合は、明るく陽気にツッコんだり、自虐ネタとして話したり、**コンプレックスを「お笑い」に変換**して同級生に消費してもらうという対処法で、場をしのいでいました。元々口が達者だったこともあって、その戦略はそこそこ上手くいき、クラスの中でも面白い三枚目ポジションを確立し、幸いにも楽しい学生生活を送ることができました。

お笑い芸人が〝笑い〟に目覚めたきっかけとして、この手の「いじめられっ子がお笑いスキルで人気者に」という美談は、もはやテンプレートと言っていいほどありふれています。しかし、**これって本当に美談なんでしょうか**。なぜ、ただ顔が大きく生まれただけで、「コンプレックスを笑いに変換する」という負荷のかかる作業に取り組まなければならないのでしょうか。

「スマホを落としただけなのに」という映画がありますが、あれは個人情報の詰まった端末を紛失するという管理能力の低さも原因の一つとして事件が起こっているので（ネタばれになったらすみません！）、大雑把に言えば自己責任と言えるでしょう。しかし、僕が主演でお届けしている「顔がでかいだけなのに」というドキュメンタリー作品は、僕自身になんの落ち度もないのにこのような負荷を強いられているわけです。シンプルに、不公平だと思います。理不尽なクソ作品ですよ。

当時の僕や、今現在コンプレックスをイジられて苦しい気持ちになっている人に言いたい。**外見イジりは全部無視したらいいよ。誰かが傷つくことで保たれている場の空気なんて、壊してしまえ。**「ノリ悪いやつ」「冗談通じないやつ」認定してくるやつを、逆に「人の気持ちをわからないやつ」認定してやれ。無神経なイジりをしてくるやつは、お前のことを「笑いを発生させる装置」くらいにしか思ってないよ。**そんなやつに消費されるな！**　自虐ネタで自分の大切な部分を削り取ってまで、周りを喜ばせる必要なんてないんだよ。そういうのはアンパンのヒーローにまかせておけばいい。卑屈な心が育つと幸せを感じにくくなってしまうので、どうか自虐はほどほどに……。

今の日本は、ルックスという要素に重きを置きすぎて、ルッキズムが社会全体に浸透《しんとう》しているように思えます。ルックスに恵まれている人なんて、ごくごく一部。**周りからすればルックスに恵まれているように見えても、本人はコンプレックスに悩んでいる部分があるかもしれません。**ルッキズムは、コンプレックスに悩み、自己肯定感の低い人が大半を占める、ひたすらに不毛な考え方なのです。

見た目重視の社会から、その人の中身、性格や能力を重視することができるように、日本社会からルッキズムをアンインストールさせていきましょう！

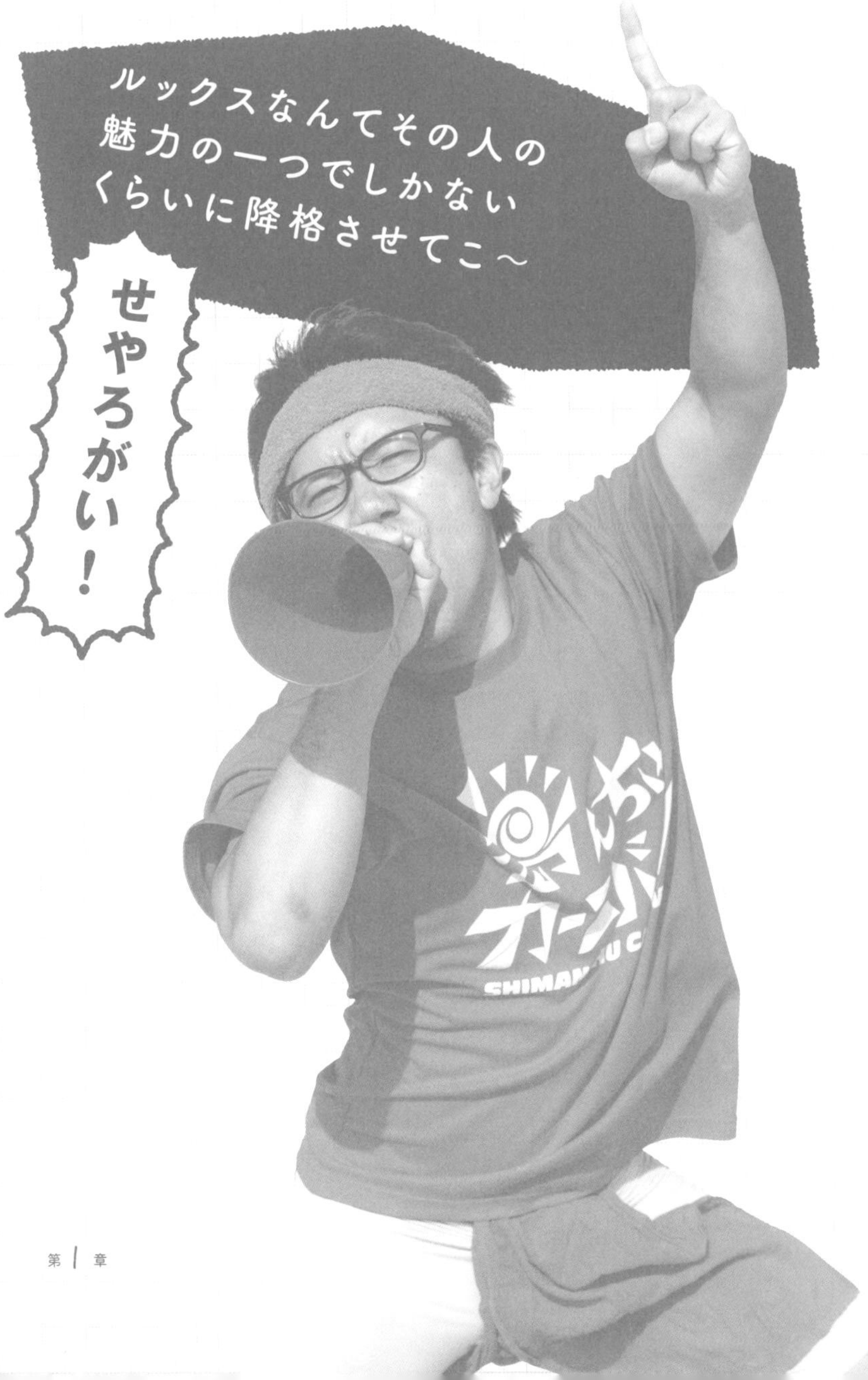
ルックスなんてその人の
魅力の一つでしかない
くらいに降格させてこ～
せやろがい！

第1章

今の働き方ってやっぱりおかしいで

実は昔、教員になろうと思っていたことがあり、大学生時代には教職課程をとっていました。当然、卒業したら教員になると思っていたので、お笑いはあくまでサークル活動としてやっていただけ。ところが、いざ教育実習へ行ったら、「こんなにしんどいの!?」状態。もちろん教育実習生ですから、現場の先生よりは全然ラクだったはずなんです。でも、平日は普通に働いて、土日は部活をやって……。はっきり言って、「休みないやんけ!」という状況です。しかも、夜遅くまで働いているにもかかわらず、朝早くから普通に学校にいますし、給食の時間も生徒と一緒ですから、昼休憩さえない。教員の休みって、本当に「おやすみなさい」って、眠るときだけなんですよ。

加えて、生徒や保護者の目があるので、**プライベートの時間でも〝先生〟だということを意識して立ち振る舞わないといけません。**ですから、「めっちゃ大変やん。これ俺、無理！」と思い、教員を諦めて芸人の道に進んだわけです。そして、教員を諦めた人間の末路が、今の僕……。

対して、実際に教員になって、地域の教育に貢献している同級生もいっぱいいるのですが、どうやら、本当に休めないらしいのです。彼らに家庭ができたこともあるのかもしれませんが、昔はガンガン行っていた飲み会もできませんし、SNSで弱音を見ることもしばしば。「ほんまに大変なんやな」と思い、そんな教員の方から、働き方や給特法（公立学校の教員の給与などにおけるルールを定めている法律）の話なんかを聞くうちに、教員の働き方についても関心を持って、動画を作るようになりました。

ところが、動画を作ったあとに、働き方に関する講演会のオファーが来たんです。もちろん、動画を作成するために色々調べましたが、僕はその道のプロというわけではない。「どうしようかな」と迷っていたところ、僕のオンラインサロンにたまたま働き方のコンサルティングをしている方がいらっしゃって、その方からレクチャーを受ける形で講演会を実施することになりました。結果、東京、鹿児島、福岡、そのあと北海道にも行き、働き方についての講演会をしたんです。そんな経緯もあって、**教員の界隈《かいわい》のみならず、日本人全体の様々な働き方についても関心を持つようになりました。**

今年、世界中で大流行し、今なお終息が見えないコロナ禍で浮き彫りになったことの一つは、**日本の働き方、労働環境に関する問題だと思います。**以前、「過労死について」「教員の働き方について」という2本の動画をアップしたのですが、アップした途端に、保育業界、福祉業界、医療界というあらゆる業界の方から、「うちの業界も大変なんです！」という声が届いたんです。つまり、**これま**

でも常々、みなさんギリギリのところで働いていたというわけです。まさに、水があふれる直前、水面が表面張力で保たれていただけ……。

そもそもの余裕がないわけですから、医療界では本来であれば手術を受けられたはずの人が、人手不足により受けられなくなっていたりと、医療崩壊の可能性も生じている。このコロナ渦ではじめて「コロナ以前から限界を迎えていたんだな」ということに気づいたわけです。だからこそ、ウィズコロナの時代からは、それぞれの働き方を見直していくことに、取り組んでいかなくてはなりません。もっと余裕を持って働くということを、真剣に考えていくときが来たのです。

教員に関しても、どんどん人員を絞っていこうとする一方で、英語教育やプログラミングなど、やることをさらに詰め込んでいる状態。これって、そもそも物理的な法則に反すると思いませんか？　教員たちがもっと余裕を持って働ける環境を作らないと、新しく教員になろうという人も減っていきます。だから、行政的にも、教育にかけるお金をケチってはいけないんです。現場では、教頭先生が自ら授業を担当したりと、教員不足の影響が、すでに形として表れはじめている。これは、今すぐにでも取り組むべき問題だと思いますね。

また、教員のみなさんは、「生徒のため」「保護者が喜んでくれるから」ということであれば、何でもやってしまうところがあります。ですから、教員の方々も、**「これはやるのが当たり前だよね」「生徒のためだから」という部分を、意識して、どんどんはぶいていく必要があるのではないでしょうか。**

以前、地方の教員の方々の集まりでお話させていただいたのですが、そのときも開会の挨拶で、トップの方が「我々も無駄なことははぶいていきましょう」「いらないことしてませんか？」とお話になりました。「教員の働き方、もうちょっとちゃんとしていきましょう」ということなんですね。「ええこと言うなー！ 俺もまったく同意やわ」と思った途端、「続いては、新人教師の方による漫才です！　寝る間を惜しんで練習したそうです。どうぞ！」と……。「それが一番、無駄やんけ！」なんて思った次第です。ご本人たちは楽しそうにされていたのが救いですが、こういった場面でも無駄を減らしつつ、行政への声を上げていくべきだと思っています。

一方、一般の企業においても「昔と今とでは圧倒的に時代が違うから、同じ働かせ方をしていたらあかん」という共通認識を持っておかなければいけないと考えています。

僕が投稿した、教員の働き方についての動画の中では、「人口ボーナス期と人口オーナス期」についての話をしています。これは、昔は〝人口ボーナス期〟で、働ける人が多く、物も足りなかったから作れば作るほど物が売れて、働く時間が長ければ長いほど、しっかり利益も上がった。

対して、今は〝人口オーナス期〟で、高齢化・少子化により働ける人が減る期間になったがゆえに、昔と同じ利益を作るためには、一人ひとりの負担が大きくなる。負担が大きくなると、生産性も低くなるという悪循環が生まれるので、今後は人財をどう賢くやりくりするか、いかに短い時間でしっかり成果を上げるか、という方向にシフトしていくべきである、というお話です。

つまり、バブル期のように「長い時間働けー！　そしたらどんどん稼げるぞー！」と言っているのは、かつてディスコに行って、何人もの女性とポケベルで番号交換して、上手くいったっていうおじさんが、令和の時代になってもポケベル持ってウロウロしているようなもの。時代が違いますから、ポケベルを持っている女性なんてそうそう現れませんし、当然、上手くいきません。ポケベルからスマホへ、番号交換からＳＮＳ交換へと時代に合わせて変化していかなければならないのです。

働く人の限界が浮き彫りになったこのタイミングを、一つの良い機会にして、今の時代に合った、無駄のない、賢い働き方を模索する必要があるのではないでしょうか。

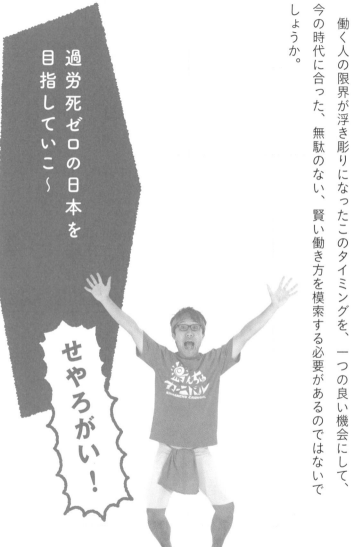

過労死ゼロの日本を
目指していこ～
せやろがい！

伝統と悪習を仕分けてこ～か

「この国の伝統だからね……」。そんな言葉で、本来なら時代に合わせて修正すべき慣習が固定化してしまい、「伝統」という言葉のもと、多くの人がしんどい思いをしている場面が、多々あります。

夫婦別姓の問題にしてもそう。「伝統」だからという理由で、女性たちが、今でも不平等な負担を強いられていますよね。日本では、結婚した夫婦で女性が改姓するケースが96%を占めています。これまでの歴史や伝統によって形成された社会的な同調圧力によって、望まない改姓を強いられている女性が数多くいる。

ならば、同姓にするか別姓にするか「選択」できるようにしようよ、と僕は思

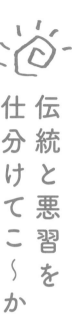

うのです。もちろん、今まで続いてきた慣習の中にも、「伝統」として素晴らしいものはたくさんあります。しかし、夫婦別姓しかり、時代に合わなくなってきたもの、「伝統だから」という理由で困っている人がいるものに関しては、残念ながら悪しき風潮、悪習であると言えるのではないでしょうか。つまり、その慣習が「ほんまにこれは〝伝統〟なんか？　それとも〝悪習〟なんか？」と、しっかりと〝仕分ける〟アクションが必要になってくるんです。

大学生のとき、寮生活をしている友人がいました。その寮は4階建てなのですが、1階、2階、3階、4階と、それぞれの階で、その階に住んでいる新入生全員を走らせて、走っている下級生を上級生が箒《ほうき》や棒でバンバン叩くという、〝ナゾ〟の儀式があったんです。当然、新入生たちは、その儀式（風習）をひどく嫌がって、「苦行や〜」「マジで嫌や〜」なんて言っていたのですが、先輩たちは「これは、わが寮の伝統だ！」と……。

新入生からすれば、本当に意味がわからない、不条理な儀式であるものの、不思議なことに2年生になった途端、「嫌や〜」と言っていた学生も「これは伝統だから」と、後輩をバンバン叩きだすんです。これって、完全に悪習だと思いませんか？

これは、変わった例かもしれませんが、やはり「伝統」という一見耳ざわりのいい言葉のもとで困っている人もいるし、「伝統」によって利益を得ている人は、やはり「伝統」という言葉でその悪習を守りたがるということがわかる、良いエピソードだと思っています。しかも、守りたがるだけではなく**悪習を慣習にすることで利益を得ている人ほど、「伝統」という言葉を使いたがる傾向にあるんですよね。**

たとえば、ハンコ文化もこれと同じだと思っています。つい最近まで、IT政策担当大臣が「日本の印章制度・文化を守る議員連盟」、つまりハンコを守る会の会長を務めていて、「日本人には、ハンコがないとダメな感覚があると思う」なんておっしゃっていたわけです。でも、今の時代、ハンコの手続きさえなくなれば、役所も行かなくて済みますし、様々な業務が一気に効率化されることは自明の理。もはや、「ハンコ文化って悪習なんじゃない？」という領域に入っていると思うのですが、IT政策担当大臣というポジションにある人がハンコを守る会の会長だったことも、これらの手続きがスマートに進んでいかない理由の一つだったのではと感じています……。

商談や打ち合わせについても、「相手の顔を見てしっかりやらないと！」と息巻く人がいらっしゃいますが、今やリモートでもできること。もちろん、顔を見て打ち合わせをすることを悪習とは言いません。それでも、リモートであれば移動する時間や交通費の経費削減にもなりますし、「どうしても顔を合わせてやらなあかん！」というナゾの文化・伝統によって必要のない経費がかかっているのであれば、それはもう、悪習に片足を突っ込んでいるのかもしれませんね。

つまり、**今、自分が〝当たり前〟に伝統や文化だと思って続けていることでも、「それは、自分に利益があるから、伝統という言葉を使って守ろうとしているんじゃないですか？」と自身に問いかけてみる必要があるのです。**

もし、あなたの利益を守るがゆえに困っている人がいても、そこから目をそらして「伝統」という言葉で飾り付けをしているようであれば、「あなた、それは悪習ですよ」ということ。ぜひ、そういう「視点」を持ってください。そして、今一度ご自身をチェックしてみてほしいと思います。

本当に大切にせなあかんこと
しっかり考えて
みるべきなんとちゃうか～
せやろがい！

COLUMN 1

「せやろがいおじさん」のこれまで

僕を形作っているものは3つ、「お笑い」「届けるための言葉」「沖縄」。実はこれ、時系列順にたどれるぐらい、一つひとつがつながって、今の僕があるのです。

まずは「お笑い」についてですが、ルッキズムの話（P.48参照）でも書きましたが、僕は、生まれつき頭が大きいだけでなく、形もヘンなんです。

幼稚園の頃から、同級生にそのことをイジられていて、実はイジられ歴はすごいベテラン。

当時は、ただただ悲しみながら日々を過ごしていたのですが、小学校低学年ぐらいのときに転機が訪れました。

ある日、地元で有名なヤンキーの中学生2人組が、帰宅中の僕の周りをチャリンコでぐるぐる回りはじめ、頭のことをめちゃくちゃイジってきたんです。中学生が小学校低学年に絡む……はたから見たらシュールですよね。でも、自分の倍以上の歳、背丈がある子たちですから、当時の僕からしたら、めちゃくちゃ怖い！　恐怖心でパニックを起こしている僕は、なぜか逆に、そのとき被っていた帽子をとって「僕の頭はこんなんです！」って大きな声で叫んだ。そしたら、その中学生がめちゃくちゃ笑いよったんです。

そこではじめて、「あっ、このコンプレックスを、人を笑わす武器にできるんやな」ということを知りました。そして、何かを言われたらツッコんで返すようにしていくうちに、僕の中にコメディアン人格が生まれ、人を笑わすことが好きになっていったんです。この話自体は、何の美談でもないですが、お笑いに目覚めた一つのきっかけではありましたね。

そして、二つ目の「届けるための言葉」。僕は、中高はずっとバスケットボール部に所属していて、キャプテンを任されていたんです。練習のときは、「今日は練習がどうアカンかった」とか、「もっと盛り上げるためにはどうしよう？」とか、練習そのものよりも、練習前と後のミーティングで、キャプテンとして何を言うかをずっと考えていましたね。

部員に届く言葉は何だろうかと模索して、「みんな、自主的に声出せ！」っていうのはよく言われていることだけど、それじゃきっと伝わらない。そこで、「じゃあ、なんで声を出さないとアカンと思う？」とか、「声出したらどうなると思う？」といった具合に、手を替え、品を替え、声を出すことの重要性を説き続けていたんです。

それが僕の中の、言語能力を高めた大きな要素なのかなと思っています。

そして、最後に「沖縄」。そんな、バスケ漬けの中高6年間を過ごし、いざ将来のことを考えたとき。最初に思ったのは、〝バスケットボールに携わる仕事がしたいな〟でした。まあ、プロとか実業団とかそんなレベルでは到底なかったので、学生にバスケットボールを教えることができる教員を目指して、受験勉強をはじめるわけです。実は最初は、地元の奈良で、教育課程がとれる大学に行くつもりだったんです。でもある日、めちゃくちゃお調子者の母が**「あんた大学どうすんの？　なんなら、沖縄に行けばええんちゃう？　沖縄でマンゴー農家になって私にマンゴー送ってや〜」**っと。たぶんボケで言ったと思うんですけど、そのときの僕はなぜか、その言葉にビビビッ！　と来たんです。**「沖縄か！！」**と。

奈良県は海なし県なので、身近に海がないんです。そして、中高と部活をやっていたので旅行もまったく行かず、たまに遠征のバスの中で遠くの方に見える水平線らしきもの。あれは海なのか……ってレベルでしか見たことがない人生。大学に入ったら、一人暮らしをしたいって思っていたし、どうせなら海があるところがいいなと。**「じゃあ、海が一番キレイなとこ行ってまうか！？」**と、沖縄の大学に行くことに決めたんです。

そこから、僕が芸人になるまでは、働き方の話（P.56参照）でも書いた通りなのですが、実はお笑いコンビを組んだのは、大学在籍中。コンビを組んだきっかけも、“好きな女の子にアピールしたい”という下心から。好きな子をお笑いライブに招待して、みんなを笑わせているところを見てもらったら、多少ええ感じになるのではなかろうかという作戦。……だったのですが、その女の子は僕がライブに出るための下積み期間3ヶ月で彼氏ができちゃったんです。僕はデビューする前に目標を失ってしまった。でも、僕から相方を誘った手前、「アピールしたい女の子に彼氏ができたから、やっぱやめようぜ！」とも言えず、そのまま活動は続けることに。

ちなみに、初ライブはややウケで、どのみちアピール材料にはならなかったかもですね……。

そんなこんなで、今も**「沖縄」**で**「お笑い」**芸人として**「届けるための言葉」**を叫んでいる僕ですが、相方をはじめ、色んな方に支えられているなと感じる毎日です。少しずつでも、みなさんに感謝の気持ちを返せていけたらいいなと思います。そして、マンゴー農家にはならなりませんでしたが、毎年、母ちゃんに旬のマンゴーを送ってあげたいと思っています！

第2章

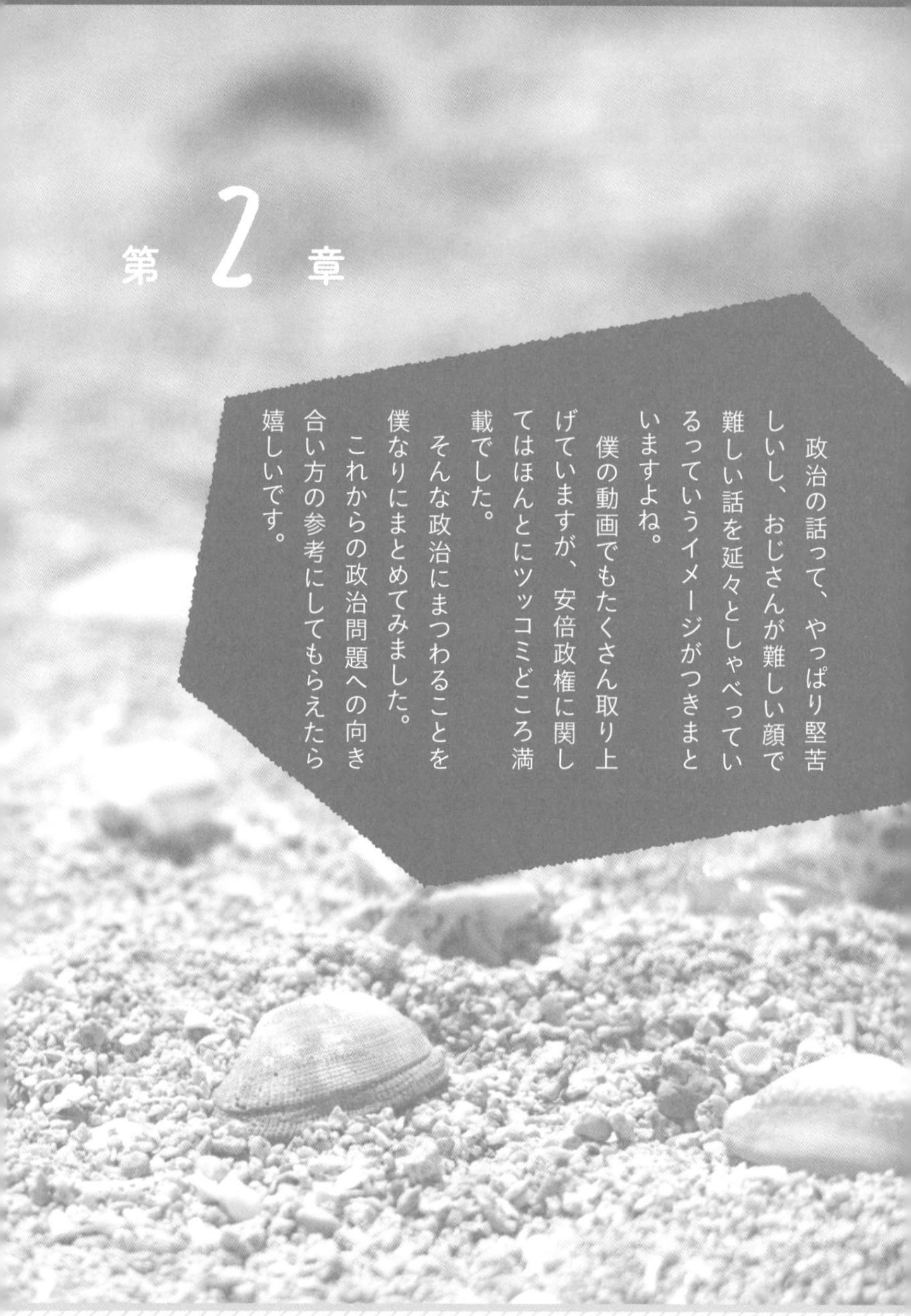

政治の話って、やっぱり堅苦しいし、おじさんが難しい顔で難しい話を延々としゃべっているっていうイメージがつきまといますよね。

僕の動画でもたくさん取り上げていますが、安倍政権に関してはほんとにツッコミどころ満載でした。

そんな政治にまつわることを僕なりにまとめてみました。

これからの政治問題への向き合い方の参考にしてもらえたら嬉しいです。

政治への苦手意識なくしてこ～

0:75/1:92

政治と切り離せないオリンピック問題

オリンピックについて書く前に、ちょっとだけ僕の話をしたいのですが、僕は、バスケットボールがとっても好きなんです。国内のBリーグ（日本の男子プロバスケットボールリーグの通称）も見ていますし、当然、国際試合も楽しんでいます。延期となっている東京オリンピックをめぐっては、男子は44年ぶりの五輪出場ということもあって、自国開催を獲得するまでに、代表選考なんかでも色々なドラマがあり、とにかく目が離せない、といった面白さがありました。

そう、どのチームも本当に応援していますし、バスケットボールファンのひとりとして、僕も純粋な気持ちで、オリンピックを楽しみにしていたわけです。しかし、その純粋な気持ちを押しのけるぐらい、今回の東京オリンピックについて

は、ツッコミどころだらけと申しましょうか、いや、ツッコミだしたらキリがないほど、残念な話ばかり……。**そもそも「オリンピックって、こんなに叩かれるものやったっけ？」と思うほどです。**オリンピックが、もう少し希望あふれる楽しいイベントだった気がするのは、僕だけではないはずでしょう。

そもそものはじまりは、おそらく、オリンピック招致《しょうち》時の、安倍元総理の発言だったかと思います。みなさんは覚えていらっしゃいますか？　福島の原発の状況について「The situation is under control（状況はコントロール下にある）」と言いましたよね。「私が安全を保証する、状況はコントロールされている」と。そう言って、招致に成功したわけです。

ところが、招致には成功したものの、開催期間中の日本はとんでもなく暑いという気温の問題がある。それればかりか、トライアスロンの選手たちは「水質が最悪」とまで言われる〝臭い〟お台場の海を泳がないといけないですし、ボランティアに関しても、あまりに過酷な環境・条件で「ブラックボランティア」なんて言われるほどです。しかも、せっかくボランティアの人たちが集まったというのに、なんと、そのボランティアの人たちと同じ条件で、給料がもらえるアルバイトの求人が出されているという、ツッコむ気力さえ失う始末……。

新国立競技場についても、オリンピック後には「負の遺産」になるのではと言われるほど使い道がないというのに、莫大《ばくだい》な予算をかけて建設されました。ましてや、オリンピック自体が中止ともなれば、いったいどうなることやら。つまり、それほどツッコミどころ満載のオリンピックになっているということです。

みなさんもご存知の通り、これら当初の問題に追い討ちをかける形で、新型コロナウイルスが世界中で蔓延《まんえん》。それにもかかわらず、日本は本当にギリギリになるまで「2020年夏に開催する」と言い張っていたわけです。ところが、海外から「そのままのスケジュールで開催するんだったら、うちの選手は送りませんよ！」「中止した方がいいのでは？」という意見が出てきた途端に、「では、延期します」と……。

ここで見逃してはいけないポイントは、**国内で声が上がっても断固たる姿勢が変わらなかったのにもかかわらず、海外から声が上がった途端、あっという間に意見をくつがえしたということです**。僕には、この姿勢こそが、今の日本の体質を象徴しているように思えて仕方ありません。つまり、身内（国内）から声が上がっても変わらないのに、他人（海外）には外面がいいわけです。尊敬されたいし、あわよくば「日本すごい！」と思われたいという意図がミエミエですよね。

しかも、国内では経済的な貧困率が高まり、いわゆる「貯蓄ゼロ」世帯が広がっている中で、来年の東京オリンピックの追加予算だけはちゃっかり払うことを決めていたり、海外にはお金をたくさん渡しているんです。これって、かつて景気の良かった成金が、なんかのきっかけで一気に凋落《ちょうらく》するも、やはり見栄を張っていたい、という図式そのもの。まさに、外では派手にお金を使って知り合いにおごりまくっている中、家族はボロ着て、梅干しだけをおかずにご飯食べているっていう状況なのに、ですよ。だから、**日本のお金の使い方一つを見ていても、この国の内弁慶ぶり、外面《そとづら》の良さが、手に取るようにわかります。**

そこで、僕は思うんです。もちろん、国内でみんなが声を上げることも必要ですが、案外、海外に向けて日本の現状を発信することも、すごく効果的なんじゃないかな、と。たとえば、後ほど取り上げる、沖縄の基地問題にしても、国内でしっかり民意を伝えても、何も変わりませんでした。だからこそ、アメリカ、そして世界の人々に「こんなことになってるんですけど、**ちょっと聞いてもらえます？　日本マジやばいんですけど」と発信して、世界中が「日本の政府、これやばない？」ってなることが大事なんじゃないかと思うんです。**

東京オリンピック騒動を通してわかったことは、とにかく日本という国は海外に見栄を張りたくて、身内である国民の生活は二の次、というような体質を持っているということ。そこを逆手にとって〝誰よりも好かれたい〟海外の人たちに批判をさせることができたなら、案外コロッと変わってしまうかもしれません。そんな形で、**外側（海外）から世論を作って、内側（国内）を変えていくというアプローチ**が、今後は必要になってくるのではと考えています。

ちなみに、僕もつたない英語を駆使《くし》して、海外の方向けの動画を作ってみました。残念ながら、僕の英語力の低さもあり特に大きな広がりにはならず、「Noisy（うるさい）」的なコメントがポツポツ来るぐらいでしたが……。またいつか挑戦したいと思います。

さらに、もう一つ見えてきた日本の体質として、これだけの重要事項にもかかわらず、どこか雰囲気で決めている印象がぬぐえないことが挙げられます。ワクチン開発などの目処も立っていない、なんの確証もない状態で来年（2021年）のオリンピック開催を決めたわけですから、やはり自国民をかえりみない決定ですよね。もちろん、選手側からすれば、時期が決まっていた方がトレーニングもしやすいでしょうし、そういう面では「アスリートファースト」なのかもしれません。しかし、そもそも開催できるという根拠が、あまりにも乏しい……。

オリンピック関係者の話を聞いていたら、「**来年の開催時期までに終息することを願う**」とか、もはや神頼みなんです。冒頭にも書いたように、僕自身オリンピックを楽しみにしていたひとりですが、根拠もないままに「頼むから終息してくれ！　俺は信じてる！」では、〝神風〟を待っていたあの頃の日本と、何一つ変わっていないと思ってしまうのです。

希望的観測じゃなくて
〝実証的〟観測をしてくれ〜
せやろがい！

沖縄の基地問題について知っとるか〜？

沖縄の基地問題について、みなさんはどのくらい知っていますか？「なんかよくわかんないけど、沖縄の人反対してるよね」とか「反対してるけど、基地に経済依存してるんだよね？」など、ピントがずれた写真のようにぼや〜っと、割とザックリとしたイメージで捉えている方も多いのではないでしょうか。

僕が沖縄で過ごした14年間の中で、基地問題に関して感じることや考えたことをお話しますので、沖縄の基地問題に関する解像度が少しでも高まれば幸いです。

まずは、基地問題について簡単に説明しておきましょう。

沖縄は、戦後アメリカ軍に占領されて、住民のみなさんが住んでいる土地が取り上げられてしまいました。現在は、少しずつ返還されてはいるものの、まだまだ基地として残っている状態です。

そんな沖縄にある米軍基地の中でも、**宜野湾市《ぎのわん》のど真ん中に位置することから、〝世界一危険なアメリカ軍基地〟と言われているのが普天間《ふてんま》基地**です。2004年には、僕の母校でもある沖縄国際大学にヘリが墜落《ついらく》する事故が起こり、その後も保育園にヘリのパーツが落ちる事故が起こったりと、宜野湾市民の生活の安全を脅《おびや》かしています。

この普天間基地は、1996年にアメリカと「5年ないし7年以内の返還」が合意されているので、実はもう返還されているはずの土地なんです。

でも、防衛の面から、普天間基地の機能を残さなければならない。そこで代替《だいたい》施設が必要だということになり、「十分な代替施設が完成したあとに返還する」という条件がつきました。その代替施設を、辺野古《へのこ》という、普天間から見て北にある名護《なご》市の海沿いにある地域に作ろうという話が出たわけです。辺野古にはすでにキャンプシュワブという海兵隊基地があり、普天間飛行場の機能が移設される場合は、この基地を拡張する形で滑走路などが作られることになります。この県内移設に対して沖縄県民が強く反対しているというのが、みなさんがニュースでよく見る「沖縄の基地問題」というわけです。

では、なぜ辺野古基地移設は、県民の反発を招いているのでしょうか。様々な理由がありますが、その一つとして重すぎる基地負担という点が挙げられます。沖縄は、日本全体の面積割合で言えば、わずかな広さしかありません。その中に、**なんと、日本中のアメリカ軍専用施設の約7割が詰め込まれているんです。**普通に考えれば、「負担が大きくない？」と思いますよね。普天間基地が返還されたら、「沖縄にある全てのアメリカ軍基地がなくなる！」と思っている方もいるかもしれませんが、実は、普天間基地が返還されても、沖縄にある基地面積は0・7％しか減りません。つまり、**たった0・7％だけ、無条件で返還してくれ**

ませんか？　という大変つつましいお願いなのです。

諸外国が侵攻《しんこう》してきた際に、地理的に優れている沖縄に基地を置いておく必要がある、という意見があるのは承知していますが、たとえば47人のクラスがあって、「お前一番家が近いから、掃除当番の7割はお前がやれ！」と言われたら、どんな人でも「不公平やな～」と思うのではないでしょうか。

その中で、「掃除の7割負担するのはやっぱり嫌だから、その中の0・7％にあたる、一番嫌なトイレ掃除だけはやめてもいい方向にしてもらえないかな？」とお願いしているわけです。それに対して「じゃあトイレ掃除の代わりに、他の掃除やってな」と言われて、しかも代わりにやる掃除がめちゃくちゃ制服が汚れる「黒板の掃除」みたいな状態です。

政府はよく、「沖縄に寄り添う」と言いますが、現状は「もたれかかっている」だけに思えてくるのです。「人という字は、人と人が支え合ってできている」という言葉がありますが、「どう見ても下で支えている人の負担でかいやろ」と思いませんか。政府の「沖縄に寄り添う」発言はそれに似たものを感じます。掃除当番はクラス全体の問題ですし、防衛は日本全体の問題です。「基地負担は沖縄に任せとけばいいや」といった、対岸の火事的な感覚があるのであれば、それこそが沖縄県民が反感を感じている原因なのではないかと思います。

では、普天間基地がある宜野湾市民は、辺野古基地移設についてどのように考えているのでしょうか。もし自分が宜野湾市民だったら「危険な基地が生活圏にあるのは怖いから、早く移設してくれ」と考えそうなものですよね。しかし、2019年に行われた県民投票では、宜野湾市でも6割強の方が「辺野古移設反対」という民意を示しています。

基地のリスクを抱える宜野湾市でこのような民意が示されたことを、不思議に思う方も少なくないでしょう。実は、辺野古基地移設と一言に言っても、「普天間の危険性除去」以外にも様々な論点があるのです。それらを踏まえて、総合的に判断した結果、このような民意に至ったのではないかと僕は思っています。

それでは、辺野古基地移設にはどのような論点があるのか、いくつか挙げてみましょう。「防衛上の問題」、「基地建設による自然破壊」、「沖縄の民意を政府がどう受け止めるか」、「辺野古は地盤が軟弱で基地が本当に作れるのかと心配されている点」、「地元議員による利権」など様々な論点があります。

また、沖縄にはお父さんが軍関係の方で、お母さんが日本人というようなご家庭もあり、自分のルーツそのものにアメリカ軍基地がある、というケースもあります。「基地の文化に影響されて育ってきたので、基地を親しく思っている」というような文化的な背景があるのです。さらに、アメリカ軍の方をターゲットにしているお店を営んでいる人などは、基地問題が自分の経済状況に直接影響を及ぼします。こういった数ある論点の中で、「俺はやっぱ環境問題が一番気になるな」といった感じで優先順位を決めつつ、「環境のこと考えたら基地移設には反対だけど、防衛のこと考えたらやっぱり沖縄に基地がある方がいいのかも」というように、**論点ごとに基地移設の賛否を考えなければならないのです。**

さて、先述した2019年に行われた県民投票では、県全体を見ても投票に行った方の7割ほどが移設「反対」に票を投じ、圧倒的な民意が出ました。

ですので、「沖縄県民は基地移設に反対してるよね」という印象は決して間違いではありません。ただ、「美しい海は絶対守りたいけど、うちのお店はアメリカ軍の方もいっぱい来るし……。でも、やっぱり民意を無視する政府のやり方は許せないし……。そう考えるとやっぱ反対かな」といった、白黒はっきりとした反対というよりも、**「ライトグレー」や「ダークグレー」といった色合いの反対**が多くあったのではと感じています。もちろん、「賛成」の中にも同様のグラデーションがあるでしょう。そういった複雑な県民感情があることを、知っていただければ嬉しく思います。なんて偉そうに語っていますが、僕自身も沖縄県民の複雑な感情を100%理解はできていません。**今後も、「理解した気」にならないよう注意しつつ、「理解しようとする」スタンスは保ちたいと思っています。**

最初にも書いたように、「沖縄の経済って、基地に依存しているんでしょ？」という意見もありますが、確かに、戦後すぐの頃は50％くらい基地に経済依存していたこともありました。でも、今ではわずか5％ほどとなっていますし、**返還された土地では平成25年調査時点で1634億円の経済効果を生みました**。これは返還前と比べると、約32倍にも増加しているそうです。もちろん、基地が返還されたら必ずしもこのような経済効果を生むわけではありませんが、返還が進んだ方が、むしろ沖縄の経済にとって良い影響を及ぼすということもあるのです。

僕は、これから沖縄の基地問題は、**日本の防衛の問題として、全国的に議論されるような流れにしていくことが一番大切だと思っています。**

しかし、沖縄の基地問題は政治思想が対立する場となりがちで、そこで飛び交っている言葉を見ていると、議論の範疇《はんちゅう》を超えて、誹謗中傷《ひぼうちゅうしょう》大会となっていることも多くあります。僕自身、これまで様々な話題を動画にしてきましたが、もっとも批判の声が厳しく、コメント欄がハブクラゲに刺されたあとのお肌くらいに荒れるのが基地問題の話題です。動画をアップするときは、比喩《ひゆ》ではなく本当に指が震えます。

そして、沖縄の基地問題の議論を見ていると、「自然を壊すな」という意見に対して「いや防衛の問題が！」というようなやり取りをしばしば見かけます。これは「環境問題」という論点に対して、「防衛の問題」という論点をぶつけているようなもの。論点が噛み合うはずがありません。「一番うまい寿司ネタはマグロだ！」と主張している人に、「いや、一番うまい中華料理は酢豚だ！」と反論するようなものです。**論点が噛み合わないから、議論がひたすら平行線を辿り、そのストレスから誹謗中傷に発展してしまうのではないかと考えています。**

そうならないためにも、一つずつ論点を紐ときながら、「自然のことはどう思う？」「じゃあ、防衛の面を話してみようか」といった具合に話を進めていく必要があるのではないでしょうか。

さらに論点によっては、反対派も容認派も一丸となってツッコめるものもあります。軟弱地盤の問題などはまさにそれで、普天間の危険性を早期除去したい人も、防衛を重視している人も、自然を大切に考えている人も、全員が「どないなってんねん！」と声を上げるべきです。

そういったことを踏まえて、今後沖縄の基地問題を議論してもらえるといいなと思います。基地問題に限らず、あらゆる問題には必ず色々な論点が含まれているもの。「全然噛み合わない！」というときは、お互いの論点を見直してみると、案外スムーズに話ができるのかもしれません。

せやろがい！
目からうろこな解決策も見つかるんとちゃうか〜

政治的なこと言うたら大炎上してもうた

今でこそ、ＳＮＳで政治に関する動画を上げている僕ですが、もともと政治的なことには興味がない人間でしたし、当然、発信するタイプでもありませんでした。それどころか、政治的なことをワ～ッとＳＮＳで発信している人のことを、なんなら「ちょっと痛い人やな～」くらいに思っていたほどです……。

僕が「せやろがいおじさん」をやりはじめた頃は、本当にライトなお笑いの〝あるあるネタ〟を投稿していたんです。たとえば、「久しぶりに会ったときに『俺のこと覚えてる？』って言ってくるやつに一言！」といった、ありふれたネタ。そんなところからはじまって、次第に芸能人のタトゥーのことや、オリン

ピック問題というように、時事ネタによっていったんです。そして、僕がはじめて政治的なことを発信したのが、2018年の沖縄県知事選のときでした。いわゆる基地反対派の玉城《たまき》デニーさんと、容認派の佐喜眞淳《さきまあつし》さんの事実上の一騎打ちだったのですが、その際、「佐喜眞さんを応援する動画アップして〜」「玉城さん応援する動画作って〜」という、リクエストのメッセージがたくさんよせられたんです。

沖縄のことを考えているお二人が、色々考えた結果、自分の意見をもとに立候補する。そして、県民たちが真剣に考えて一票を投じるという流れに、正直、当時は「僕がどうこう言うことではないな……」と思っていました。だから動画も作っていなかったのですが、県知事選の結果を受けて、「沖縄終わった」というような言葉が、SNSでめちゃくちゃ広まったんです。これって、**沖縄のことを思って立ち上がった候補者の方々、真剣に考えて一票を投じた有権者の方々に対**

してあまりにも失礼すぎますよね。

また、戦後焼け野原となった沖縄を復興させるために、死ぬ気で働いた先輩方にも失礼です。戦後復興の先駆けとなった平和通りで、僕がアルバイトをしていたときに、おじいちゃんやおばあちゃんが「あの頃は目から血が出るほど働いた」と当時を振り返って話してくれたのが、今でも印象に残っています。

そんな悲しい歴史から立ち直り、不屈の精神で復興を果たした沖縄に「終わった」なんて諦めと切り捨ての言葉を吐き捨てる人たちに対して、何も言わないでいいんだろうか？　触れづらい話題、言いづらいことはスルーしておいて、今後触れやすい話題だけ扱うのか？　その自己欺瞞《ぎまん》に耐えられる自信がなかったので、「沖縄終わった」ではなく、「これから新たな沖縄をはじめていこう」なら僕も言ってええんちゃうか？　と考え直し、はじめて政治的なことを発信することにしました。

ところが、発信した途端に、ものすごい数の批判！　批判があるのは覚悟していたので、ある程度受け身は取れたのですが、中でも一番グサッと来たのは、これまでずっと売れていなかった僕らを応援してくださっていた、心優しいファンのみなさまからの〝お怒り〟でした。

特に、その中の数名の方は、政治的なことを発信すること自体に非常に怒っていらっしゃる。**「そんな芸人と思わんかったわ」**という言葉を残して、離れていった方もたくさんいらっしゃいました。まぁ、応援していた漫才師が、いきなりふんどしをしめて政治の話したらビックリする気持ちもわかりますが……。

しかし、どうしても納得できなかったことがあるんです。僕と同じ事務所の後輩芸人が、お恥ずかしいことに飲酒運転で検挙されたんですね。そいつが謹慎期間を経て復帰したとき、政治的な発言をしたために、僕から離れていったファンが、「頑張ってね」「また応援するよ」といったコメントをされたんです。引き続き後輩を応援してくれることは嬉しいですし、ありがたいことなんですが、「政治的なことを話すのって、法に触れる飲酒運転よりアカンことなん？」と思ってしまう自分もいました。「政治的な話」がタブーとされる空気。でも、確かにそれまでの僕は「政治的なことはやらん」と決めていたわけですし、どこか「やったらアカンもん」といった雰囲気があったことも、また事実……。

そんな経験も手伝って、次第に「なぜ、こんなにも政治的なことを言ったらアカンのやろ？」と考えるようになっていきました。その結果、辿り着いた答えは「政治的なことを言うのが悪いんじゃなくて、〝自分と違う意見の人は敵だ〟と、攻撃対象にする風潮こそが問題なんじゃないか？」ということ。

これは、過去の動画の中でもお伝えしたんですが、違う意見を持つ人が、お互いの見える角度から得た意見を出し合うことで、新しい着地点が見つかることは多々あるはずなんです。たとえば、目の前にフグがある。フグはおいしいけれど、毒がありますよね。このとき、「フグ食いたいけど、毒があるから食べない派」と、「毒はあるけど、おいしいから食べる派」にわかれます。もし、両者がお互いの立場だけを主張して、自分と違う意見の人を攻撃対象として扱うとしたら、「毒あるのに、食うなんてお前らアホやろ」と片方を批判し、批判された方は「いや、お前。あんなおいしいもんを食べへんなんて、頭おかしいやろ！ ネトフグ」なんて言うことでしょう。そうすると、単に攻撃だけで終わりますから、フグを食べて毒にあたって死ぬ人は減らないでしょうし、食べない人はフグのおいしさを知らないままで人生が終わるかもしれません。

ところが、もし、お互いが意見をしっかりと交流させて対話を生み出すことができたなら、「確かに、フグはおいしいから食べてみたいな」「フグには毒があるけど、どうしようか」「じゃあ、フグの毒がないところだけ切り取る方法があるんじゃないか？」といった、新しい着地点が生まれることでしょう。

したがって、政治的なことを言いづらい風潮というのは、つまるところ**「異論とのコミュニケーションにエラーが生じている」結果、生まれるものだ**と思うんです。このエラーを修復していくためには、発言や発信をする際に、「異論を排除して自分の考えに染めること」を目的にするのではなく、「違いを知ること」を目的とし、異論と出会ったときはむしろ自分の考えと混ぜ合わせて、より良い考えに更新するチャンス！　と考えてみたらいいのではないでしょうか。

ちなみに、最近ＳＮＳで政治的なことを発信する人が「普段は政治のことを言わないようにしているんだけど、今回ばかりは」という〝前置き〟をしているのをよく見かけます。もちろん、効果も意味も、よくわかるんです。「私は普段、政治的なことを言ったりしない、分別のある人ですよ」「そんな私ですら言うんだから、今回は本当にやばいですよ」とあらかじめ明言しておくことで、**この人は良識のある人だという理解を得て、発言の重みも増すという、2つの効果があるからです。**

でも、「普段から政治的なことを言わないのが大人の立ち振る舞い」という前提自体が、僕はおかしいと思うんです。「じゃあ、なぜ普段は政治的な発言をしないんですか？」と聞きたいくらいです。

一般的に、政治的な発言と言えば、どこか眉間にしわをよせて、誰かがいつも怒っている雰囲気があるかもしれません。でも実は、我々の生活に隣り合った、とても身近な話題のはず。**「政治に無関心ではいられるけど、無関係ではいられない」**と聞いたことがありますが、まさにその通りだと思います。

本来であれば「昨日のドラマ、見た？」と同じくらい、フランクな感覚で政治について話せるのが理想的だなと思っているんです。そうすれば政治に無関心の若者たちにも、とっつきやすくなって、学校などで「昨日の与党の答弁マジ卍」「野党弱すぎてぴえん」みたいな感じで話題にのぼるかもしれません。

僕自身、政治的なことを扱う動画では、怒りをベースにするのではなくて、できるだけ「面白いなぁ」「興味深いなぁ」と思えることを前面に押し出そうと心がけつつ、作っています。

「言いづらい世の中を変える！」とまで強くは言えませんが、僕の作った動画が、**政治的なことを言いづらい風潮を変えていくための〝一助〟となれば、めっちゃええなと思います。**

僕も案外、役に立ってるんとちゃうか～
せやろがい！

「若者の政治離れ！」って言うてるおじさんたちへ

よく、〝若者の政治離れ〟などと言って、人生の先輩方が若い人を非難する場面を目にすることはありませんか？　僕は、いくらこのお決まりフレーズを使って批判したところで、若者が政治に興味を持つようになることは、絶対にないと思っています。つまり〝若者の政治離れ〟とは、おじさんたちによる、ただの自己満足説教ワードに過ぎないんです。

諸先輩方におかれましては「俺は大人で、政治に興味がある、ちゃんとした社会人だ。それに比べて、お前らは？」的な、若者を〝嘆かわしい〟ポジションに置くことで、自分は〝ちゃんとした〟ところにいるような、優越感を感じたいのかもしれません。
しかし残念ながら、多感な時期で感性が非常に研ぎ澄まされている若い人たちは、大人たちの「自己満足」を敏感に見抜いています。おじさん、おばさんたちの「自己満足プレイ」に付き合ってなどいられるか！　ということで、余計に政治から離れていくわけです。

過去に作った動画の中でも言ったことですが、若者は政治から離れているのではなく、近づいた経験がないだけ。おじさんたちを含む我々大人としては、〝若者の政治離れ〟などと言って、若者に責任を全部押し付けるのではなく、「では、どうすれば、若者と政治を近づけることができるのか？」ということを、模索し続けていく必要があるんです。それこそが、大人たちの仕事と言えるのではないでしょうか？

たとえば、選挙などはその良い例かもしれません。ただ、やみくもに「選挙に行こう、投票しよう!」と呼びかけたところで、おそらく若者たちは選挙に行かないはず。では、どうすべきかと言いますと、**「なぜ政治に関心を持つ必要があるのか?」「なぜ、投票に行かないといけないのか?」というところから、しっかりと伝えるようにしなければいけないんです。**若者が興味を持てるように、いかに面白く、興味深く伝えるかについては、我々の抱える大きな課題の一つだと思っています。本来であれば、教育の段階で、もっと政治に興味を持つような働きかけをしていくべきでしょう。

とはいえ、とりあえず今の我々ができることとしては、やはり、〝伝える〟ための言葉を模索していくこと。そのためには、一度、逆の立場になって考えてみると良いかもしれません。たとえば、『鬼滅《きめつ》の刃《やいば》』という超人気漫画がありますね。「えっ。まさか、『鬼滅の刃』を読んだことないの!? まったく、最近の大人の『鬼滅の刃』離れは深刻だ……」なんて言われても、「いや、離れるもなにも、そもそも『鬼滅の刃』に近づいたことないし」「読んでいなくても、別に生きていけるし」と反発して、余計読む気がなくなるのではないでしょうか。若者の政治離れも、構造としては、まさにこれと同じなんです。

では、どのような言葉で伝えれば、『鬼滅の刃』に興味を持ってもらえるのか？　まず、大人でも知っているような話題で〝惹きつける〟必要があります。たとえば、「今、あの『ドラゴンボール』よりも売れているコミックがあるんですよ」といった具合です。おじさん世代でも、さすがに『ドラゴンボール』ならわかりますよね。そこで、さらに「その『ドラゴンボール』より売れてるのが『ワンピース』なんです」と。「おお、『ワンピース』なら聞いたことがあるぞ」という流れを作ることができたなら、「実は、その『ワンピース』さえも超える勢いがある、超絶人気爆発のコミックが今出てきているんですよ！」と畳みかける……。そうすることで、大人でも「何それ、どんな漫画!?」と、話題に対して前のめりな姿勢を作ることができるのではないでしょうか。

これと同じ具合に、**〝若者の政治離れ〟と批判する前に、若者を政治と関連のある話題で惹きつける必要があるわけです。**たとえば、コロナ禍において、若い学生さんの中でも、アルバイトの仕事がなくなって、学費が払えなくなり、退学を余儀なくされる人が出てきました。「特別給付金の10万円、いったいいつ貰えるの?」と……。つまり、若い人でも、政治に注目せざるを得ない、切実な現状が生じたのです。この点に関して言えば、若者の目が政治に向く、一つのチャンスと言えるのかもしれません。

ここ最近は、若者のみならず、政府の対応を批判する方が、増えてきました。そういう人に対して、「普段選挙にも行ってないのに、こんなときだけ語るな!」

という批判もあることでしょう。確かに、正論かもしれません。

しかし、「選挙に行ってないのなら、政治を語るな」ではなく、「政治を語るのなら、これからは選挙に行こうね」と言った方が良いでしょうし、その方が効果的だと思いませんか？

「金も払わずに、商品とるな！」……。確かにその通り。でも、その商品に興味を持ってもらえるのであれば、僕なら「後払いでもええやんけ」「着払いでもええやんけ」と思うわけです。つまり、政治のことを先に批判してから、「じゃあ、私はこういう一票を投じる」という順番でもいいと思うんです。ですから、「選挙に行ってないのなら、政治を語るな」という批判については、少々言い方を変えていく必要があると思っています。

投票率の低さについて嘆く声も多く見かけますが、投票率も、ただ上がればいいというわけではありません。何にも考えていない、何も知らないという人が選挙に行って、とりあえず投票率だけ上がっても、仕方がないと思うんです。なぜなら、そういう何も考えていない投票が増えることで、シンプルでわかりやすい、ワンイシュー（一つの政策課題のみを掲げる政党）などの極端な政党がもてはやされる可能性があるからです。

だからこそ、しっかりと関心を持って、ある程度の知識や考えを得てから投票に行くことも大事なんです。そのためにも「選挙に行ってないのなら、政治を語るな」ではなく、「きちんと批判するために、選挙に行こうよ」という流れを作った方が、1票の投票の〝質〟も上がりやすいはず。つまり、「批判と投票の順番が逆でも、別にいいんじゃない？」ということです。

今、テレビは一切見ず、ネットだけで情報を得ているという若者が急増しています。そういう若者層に届けるためにも、ユーチューブというのは、これからさらに、キーになってくるプラットフォームだと感じます。実際に、若者に政治的な話題を届けるために、SNSやユーチューブの発信に取り組まれている方は多くいます。たとえば、ユーチューバーのヒカキンさんと小池都知事が新型コロナウイルスについての対談をされていましたよね。普段政治に接する機会のない若者にとって、あの対談動画は非常に有意義なものだったのではないでしょうか。

一方で、若者が利用するプラットフォームを使っても、それが届くように工夫が施されたコンテンツでなければ、若者には届きません。ですので、**若者に政治への関心を持ってもらいたいのであれば、全力で彼らにも届くコンテンツを本気で模索する必要があります。**その鍵になるのが、「エンタメ」ではないでしょうか。昨今、世の中には面白いものがあふれていて、かつ、誰もが忙しい……。だからこそ、エンタメにでもしない限り、みなさん、わざわざ政治的な情報に触れないと思うんです。つまり、**エンタメの皮をかぶって、政治のことを知ってもらうことが大事**なのかな、と。野菜が苦手なお子さんに野菜を食べさせたいときに、細かく刻んだ野菜をカレーに紛れ込ませるのと同じような工夫が、若者を政治に近づけるためには必要なのだと思います。

「若者の政治離れ」という言葉だけで、責任を若者に負わせることは、非常に簡単です。逆に、本気で若者に届くコンテンツを考えるのは、ものすごく大変なことです。では、大人としてカッコイイのはどちらでしょうか。

僕は断然、後者だと思うので、これからもウンウン悩みながら、若い人たちにも届く方法を模索していきたいと思っています。

みんなで若者に届くやり方、探してこ～

せやろがい！

僕は安倍政権を応援してました！

実を言いますと、僕はある意味では安倍政権をめちゃめちゃ応援していたんです。なぜなら、「こんなにも動画の〝ネタ〟を提供してくれる政権は他にないやろ！」と思っていたからです。この本を書いているさなか、突然、安倍首相が退任の意向を示しました。日本中に激震が走る中、僕は「ネタの仕入先」がなくなる恐怖に激しく震えていました……。

動画を作成させていただいたものだけでも、森友問題、桜を見る会、沖縄の基地問題、黒川元検事長の定年延長、コロナ関連のあれこれ。まさに〝ツッコミどころ満載〟の話題には事欠かない政権でした。みなさんも色々と思うところのある出来事が多いかと思います。ちなみに、安倍政権への批判として多くあった

「今の政権は国民をなめている！」といった感想や言葉には、僕もおおむね同意です。けれど、おそらく「なめている」という認識ではなくて、**「意識していない」中で国民を侮《あなど》っているのだろう、という感覚を持っています。**

たとえば、森友問題や桜を見る会といった政治家の私欲あふれる問題が起きたときには、公文書を「破棄しました」で済ませようとしたり、特に森友問題では、公文書の改ざんをして、それを調査することになったら、なんと、改ざんをした財務省が自分たちで調査をするという始末。それでは、国民が納得するわけがありませんよね。この一連の流れを見ていると、やはり「こういう立ち振る舞いをしても、国民は何も言わないやろ」という傲慢さがあるのだろうと思います。

少しだけ、僕の昔話を踏まえて、説明させてください。小学生の頃、半田君っていう同級生がいて、僕は「はんちゃん」って呼んでいたんです。はんちゃんはすごくおとなしくて、いつもニコニコしている子。そんなはんちゃんと僕が隣の席になったとき、1ヶ月間、「消しゴム貸して」「のり貸して」「宿題見るで～」なんて言って、勝手に机からノート出して見たりして、ふざけていたんです。

最初のうちはニコニコしたまま、何にでも応えてくれていたはんちゃんですが、ある日、「いい加減にして！」って僕にガツっと怒ったんです。そのとき、「あ、ちゃんと言うんや、こいつ」と思いまして。その一件以降は、なるべく物を借りないように気をつけたりと、僕なりにメンタリティが変化したんです。

おそらく、勝手にはんちゃんの消しゴムを使っていたときの僕は、「はんちゃんだから大丈夫だろ、勝手にとってもなんも言わんやろ」といった具合で、無意識のうちに彼を侮っていたと思うんですよ。だからこそ、ガツっと言われたときに、「あ、これ侮ったらアカンやつやったんや」と。今思えば、僕はすごい嫌なやつなんですけれども、とにかく、そういう経験があったんです。

そんな経験があるからこそ、安倍政権の対応が国民を侮っていたように感じたわけです。ただし、国民を侮る政権を作ったのは、また国民でもあったのかな、とも思います。はんちゃんが、僕に対してしっかり意見を言い、僕が気づけたように、国民が政治に対してしっかり声を上げることで、政治家の方たちも己の傲慢さに気づき、しっかりと襟《えり》を正してくれるのではないでしょうか。だからこそ、**自分たちの今までの政治への接し方自体を、同時に見直す必要があるのかなと思っています。**

加えて、安倍政権について非常に強く感じたのは、「マジで口下手やなぁ」ということ。なにかにつけて、全然説明してくれませんでしたよね。たとえば、沖縄の辺野古基地について沖縄県民が「軟弱地盤、大丈夫ですか？」「これどうなっているんですか、あれどうなんですか？」とあれこれ聞いても、「辺野古が唯一の選択肢」の一点張り。新型コロナウイルスに対する補償に関しても、「エンタメ業界の損失を税金で補填《ほてん》するのは、現実的に難しい」というようなことを言っていたんですが、お笑い芸人というエンタメ業界に属している人間としては

「なんで、エンタメ業界限定で難しいの？」と思いましたね。そうではなく、「こうだから難しいんです」「こういう現状だから難しいんです」という説明をすべきなのに、そういう説明ができないのは、大きな問題じゃないかと思うわけです。

一方で、ここでも先述した図式が出てくるわけですが、「なぜ？　どうしてこうなっているの？　説明して！」と声を上げることを怠《おこた》ってきた我々が、この〝口下手政権〟を作ったのかなと思う側面もあります。「国民が声を上げないから、野党の追及だけしのげばいいや。野党の追及をしのげるんだったら、メチャクチャなこともやっちゃえ」といった流れで、とうてい国民に説明できないようなこともガンガンやりはじめる、といった図式です。

このコロナ禍で感じたのは、日本が〝すごい口下手な父ちゃんと、家族に関心のない子どもたちがいる家庭〟のようになっているのでは、ということ。父ちゃんは食卓を囲んでも、いちいち子どもたちと話をしませんし、子どもたちは父ちゃんの存在を意識していません。そんな中で、突然、父ちゃんが会社をクビになるという大事件が家庭内で起こったらどうなるでしょうか？　普段コミュニケーションをとっていない父ちゃんと子どもたちが急に向き合わなくてはいけなくなって、どう接したらいいかわからず、あたふたしている……。まさに今の日本はそんな感じなのでは、という気がしています。

「これは国民が喜ぶやろ～」と思って布マスクを2枚渡すなんて、「娘喜ぶやろ～」と思ってケーキを買って帰ったけど、娘はダイエット中だったというようなもの。娘のことを何も知らないがゆえに、〝何もわかってない〟差し入れをしてしまうわけです。別にケーキの差し入れ自体は悪くありませんし、マスクの配布自体はないよりはマシでしょうけれども、「今求めているのはそれじゃない！」ということに尽きますね。何も理解し合えていないということが、如実《にょじつ》に表れていたんです。

7年間に及ぶ安倍政権で総じて言えるのは、「**説明できないこと、やりすぎ！**」

ということでしょうか。先述した〝口下手政権〟のくだりに戻りますが、説明不足なところがあると申しますか、そもそも、説明できないようなことをやっていたから、説明したらその時点でアウト。したがって、説明不足になるのも仕方ないように思います。いまだ僕たちが知らない、ブラックなこともやっていたかもしれません。だからこそ、説明不足に陥っているように見えたわけですね。

繰り返しますが、説明できないようなことを許し続けてしまった我々こそが、口下手政権を育ててしまったという意識は持っておいた方がいいでしょう。普段から、我々がガンガンと**「説明して！　これどうなってるの？　おかしいやろ！」**と声を上げていたなら、次の政権では「こんなことをやったら、国民からの追及えげつないからやめておこう」となるかもしれません。

だからこそ、僕はこれからも〝政権ツッコミ〟を続けていきたいと思っています。当然、僕がツッコミを入れられるような〝ネタ〟のない世の中になっていくことが理想です。そうなったら僕は潔くふんどしを脱いで、ドローン空撮で沖縄の美しい海だけをお届けする動画をアップします。その動画で視聴回数が激増した場合、いよいよ「おじさんとテロップが邪魔」だったことになりますが……。

でも、まだまだ道のりは長く、この本でも色々と取り上げているように、社会で起こっている問題はたくさんあります。僕が「せやろがいおじさん」でいる間に終わらず、「せやろがいおじいちゃん」になるまで続けざるを得ない可能性も……。そうならないよう、政権に関する問題だけでもネタがなくなることを願っています。

健やかな老後を送れるよう
みんなで声を上げてこ～

せやろがい！

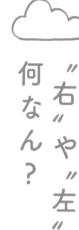

〝右〟や〝左〟って何なん？

ネットを見ていると、「せやろがいおじさん、めっちゃ左だな」「左翼《さよく》！」という感想が多いことに気づきます。でも、動画を作りはじめた当初は、今以上にまったく何も知らなかったこともあり、「何が右翼《うよく》で、何が左翼か」、さっぱりわかっていませんでした。「何で、こんなに〝左、左〟って言われるんやろ？」というくらいの認識だったんです。アホですね。

でも、様々な動画をアップするうちに、いわゆる「右翼、左翼」の区別を、少しずつ理解していきました。そこで、僕なりに〝右左《みぎひだり》〟の歴史を調べてみたところ、なんと、はるか昔のフランス革命の時代までさかのぼることに……。そんな時代の物差しが「まさか令和の時代まで続いているとは」と、驚いたことを覚えています。

僕と同じように「右翼、左翼」についてわからないという人のために、簡単に説明しておきましょう。右翼というのがいわゆる「保守」的な思想で、左翼が「リベラル・革新」と言われる思想です。「保守」には、今までの伝統、習慣、文化、現状の制度などを大事にして守っていきましょうという意味合いがあります。対する「リベラル・革新」は、個人の自由を尊重して、社会のあり方を変えていこうという意味合いですね。これが、本当にざっくりとした、シンプルな〝右左〟の区別基準となります。

一方で、今では「保守」や「リベラル」と一言でくくっても、その定義はどんどん曖昧《あいまい》になってきているように感じています。安倍政権時には、保守派と言われる与党が憲法改正を訴えて、リベラルな思想の野党が現憲法を維持しようとした、といったねじれが生じました。もう、なにがなんだかわかりません。野球で言ったら右翼手がレフトに飛んだ球を追いかけ、左翼手がライトに飛んだ球を追いかけているようなカオス状態です。

もはや現在は、「政権支持者が右寄りで、反政権的な人が左寄り」といった意味合いで使われることの方が多い気がします。政権を批判する動画をアップすると、必ず「左翼芸人！」とか「パヨク！」といったコメントがつきます。以前、「公文書の扱いが杜撰《ずさん》だから、しっかり管理して」というメッセージを訴えた動画をアップしました。公文書は国の歩みを記録し、後世に伝えるための知的財産です。その公文書を破棄、改ざんするのは、歴史を断絶させ伝統を破壊する行為で、保守こそ批判の声を上げるべき問題です。にもかかわらず、この動画に対して「自称右翼・愛国者」の方から「左翼批判」が数多く集まりました。

この〝右左〟のカテゴライズに押し込めて、そのポジション取り自体を攻撃するという行為に、どれほどの価値があるのでしょうか。議論の中心がポジション批判にさかれてしまい、問題の本質から遠ざかるので、ただひたすら「不毛なやり取りだな」と思ってしまいます。僕はもう、左でも極右活動家でもパヨクでも、なんでも構いませんので、僕の「意見」を見た上で、それについてコメントをしてもらいたいと思います。

左翼、左、と言われる僕ですが、もちろん伝統や文化を蔑《ないがし》ろにしているわけではありません。ただ、第1章でも書いた通り「伝統」という言葉のもとに、負担を強いられたり、個人の権利が制限されていることに関しては「変えていった方がいい」と思っています。

話を戻しますが、「政権を擁護している人が右で、政権を批判している人が左」といった安直なカテゴライズをする人によって発明された言葉が、「反日」だと思っています。政権を攻撃する「左」の人は「国の名誉を貶《おとし》めて、毀損《きそん》している！」という理屈で「反日」という言葉を使っていると考えているのですが、決してそうではないんです。僕自身、政府や政治の批判をしていますが、それは

「日本の価値を貶めたい」ということではなく、「日本が好きだからこそ、今ある問題点を、もっとこうしていった方がいいんじゃない？」と思うから。**愛国心があるからこそ、批判をして改善を促したいというわけです。「今の日本の素晴らしさ」よりも、「これからの日本がどう素晴らしくなっていくのか」の方に興味があるのです。**

よく、「日本のここがおかしいんじゃないか？」「ここを変えていった方がいいんじゃないか？」と発言すると、「そんなことを言うなら、日本から出ていけばいいじゃない？」なんて簡単に言う人がいらっしゃいます。おそらく、みなさんもネットでよく見かける、定番フレーズかもしれません。でも、たとえば子育てをしているお母さんが子どもを注意するのは、子どもを愛していて、子どもにちゃんといい子に育ってほしいから。「あんた、そんなもん手でつかんで食べたらあかんよ」「こんなとこで大きい声出したらあかんよ」と言うお母さんに対して、「そんなにその息子が嫌なら、もう育てなければいいじゃない？」と言うのは、メチャクチャな理論ですよね。実は、これと同じことなんです。
真の愛国心とは、「問題を見て見ぬふりして、ドヤ顔で日本アゲをする」ことではなく、「問題と向き合い日本をアップデートしていく」ことだと、僕は考えます。もちろん、劇的に社会が変革した場合のリスクもありますので、「本当にそんな急に変えて大丈夫？」という保守的な視点も大切です。前に進むときは、右足、左足、交互に踏み出して前に進むように、両者の意見をぶつけ合って慎重かつ着実に社会が変わっていけばいいなと思います。

ポジションによる不毛な批判はやめて、異なる意見をぶつけ合った方が建設的なんとちゃうか～

せやろがい！

COLUMN 2

せやろがいロケ地紹介

ユーチューブ撮影はカメラマンとドローンカメラマンと僕という3人体制でやっています！

ロケ地は9割5分僕が決めていますが、アンテナを張りめぐらせて、観光スポットを探しているわけではないんです。基本的にGoogleマップの航空写真を見て車が入れそう、かつ“キレイそう”というポイントで選んでいます。それでも、百発百中でキレイなんですよね。

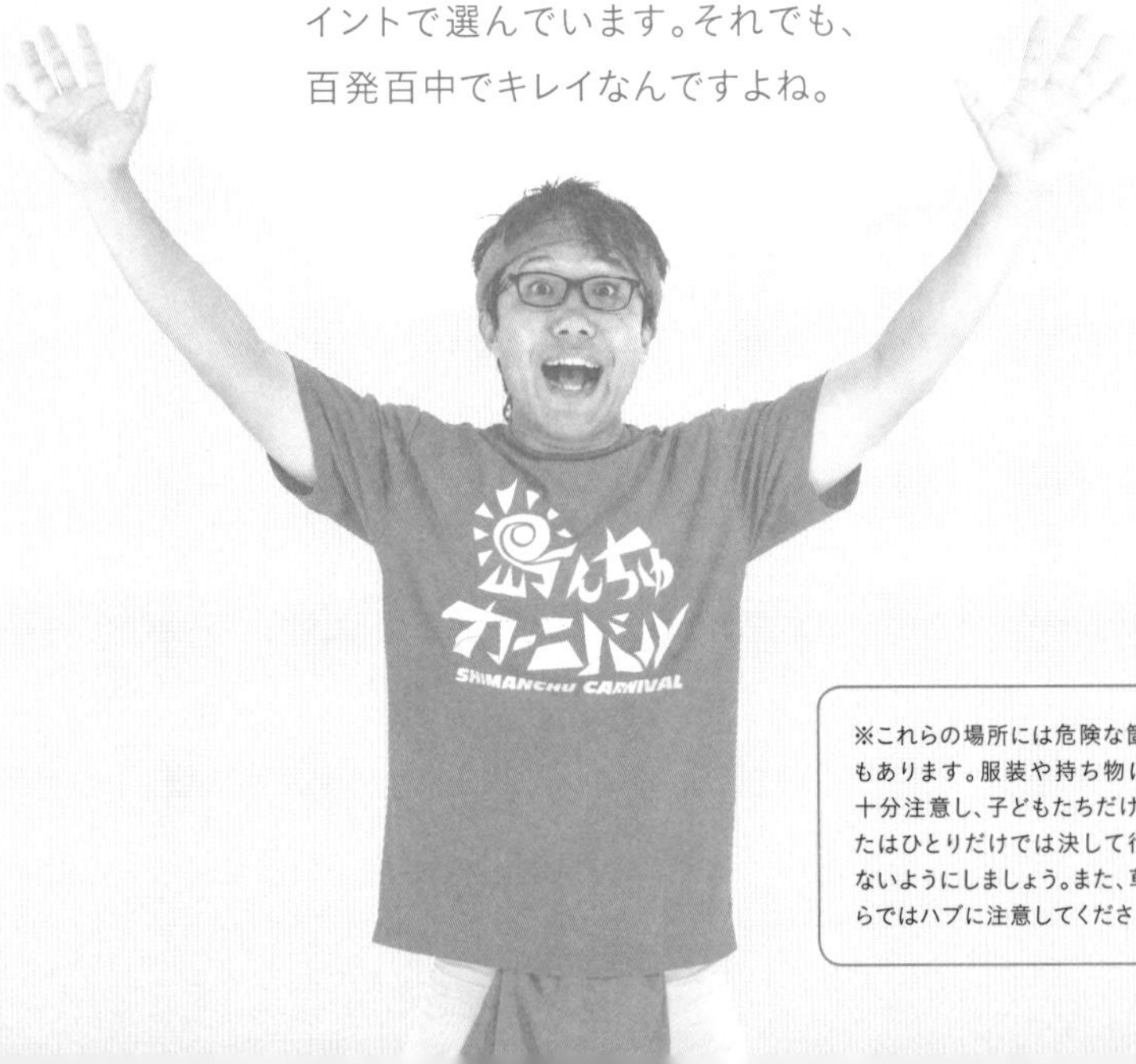

※これらの場所には危険な箇所もあります。服装や持ち物には十分注意し、子どもたちだけ、またはひとりだけでは決して行かないようにしましょう。また、草むらではハブに注意してください。

ギーザバンタ

住所／沖縄県島尻郡八重瀬町安里

僕が撮影するときに、これが一つでもそろっていたらロケ地として成立するなと思っている要素が、「そり立つ岩」「キレイな海」「滝」です。ギーザバンタはこれが全部そろっているんですよ。断崖絶壁に滝があって、目の前は海。

ここは、たまたま行ってみたら、そんな光景だったので、すっごくびっくりしましたね。一緒に行ったカメラマンが「地球の恥ずかしいところ丸見えや！！」ってわけのわからんコメントをして、「でもそのテンションの上がり方、わかるぞ～！」って笑った思い出があります。

具志川城跡《ぐしかわじょうあと》

住所／沖縄県糸満市喜屋武1730-1

ここは岩場がすごいところです。

天気が悪いときはどうしても海が見えないんですよ。なので「岩の迫力で誤魔化すか」ってときは、よくここに行きます（笑）。

具志川城跡のいいところは、見た目のスケールだけではなくて、歴史を感じることもできるところ。城跡の中にすごく大きな洞窟があるんですが、その洞窟は、昔は舟をよせて荷物の受け渡しをする場所になっていたそうです。

昔の人の生活が垣間見えるのが良いですよね。

荒《あら》崎《さき》海《かい》岸《がん》

ここは僕の勝負撮影スポットの一つなのですが、観光で行くにはあまりおすすめしません。歴史的に見ると、悲しい土地なのですが、行ってみると、天然のプールのような海が続いていて、とってもキレイ。大好きな撮影スポットなんですが、いかんせんそこにたどり着くまでが、本当に険しい。荒崎海岸に行くにはロープがかけられているところを下りなくてはいけないのですが、これが結構怖い。足を踏み外すとバランスを崩して、岩に叩きつけられ、腕が傷だらけになったりもします。なので、行くときは本当にお気をつけて。無理だと思ったら引き返してくださいね。

住所／沖縄県糸満市字束里

名《な》護《ご》市《し》嘉《か》陽《よう》層《そう》の褶《しゅう》曲《きょく》

北部ならここがおすすめです。結構、有名な観光スポットで、地層がとにかく大迫力。何十メートルもある断崖絶壁に色とりどりの地層が重ねられて、見ているだけで圧倒されます。ここは車でも降りられるので、僕が撮影した日にはキャンプしている人もいたりして。沖縄でキャンプがしたいなら、意外と穴場かもしれませんね。そして、ここに行くまでに辺野古の基地の前を通ったりするので、キャンプに行くついでに、座り込みで抗議している人たちだったり、「辺野古ってこうなっているんだ」という実際の様子などを見ていただくのもいいのかなと思っています。

住所／沖縄県名護市字天仁屋71

伊計島《いけいじま》

　ベタかもしれませんが、やっぱり外せない場所。記念すべき1発目の動画の、撮影スポットでもありました。ここはドライブスポットとしても優秀で、うるま市というところから、海中道路を車で走っていくのですが、その道路の〝海の中を走っている感〟がすごい！　晴れた日は特に最高で、その中を通っていくと伊計島の赤い橋が見えてきます。橋と海と空のコントラストがすごくキレイなんです。近くにある浜比嘉島（はまひがじま）では、シルミチューという岩の迫力が「せやろがい映え」するスポットがあります。お子さん連れでも楽しめるスポットです。

住所／沖縄県うるま市与那城伊計

玻名城《はなしろ》ビーチ

　ここは沖縄県知事選の動画を撮ったところですね。人工ではあるけど、手入れがされていない場所で、人類の歴史が滅びたあと、それでも地球の歴史は続いている……みたいな退廃的な空気が漂っています。ここには、よくわからない建設物があって。コンクリートの縁でおおわれているプールらしきところに岩の塔があるんですよ。プールと自然の海の中間みたいな。管理人さんもいない、手つかずの雰囲気が良いなと思っています。実は、駐車場だけはすごく整備されていて、キレイなトイレもあるので、そこで砂を落として帰ることもできるという、自然と人工の絶妙なバランスがあるスポットです。

住所／沖縄県島尻郡八重瀬町

第3章

現代人とは切っても切り離せないネット社会ですが、電波を通してつながっている見えない相手への「伝え方」というのは難しいものです。僕自身も気をつけようと思っている部分でもあります。でも、たとえ相手が見えなかったとしても実は幽霊だった!?　というわけではないので、人との対話の本質は変わらないはず。

僕が今、伝えたいこと聞いてくれへんか?

ネットや人との
向き合い方に
ついて話すで～

1:33/1:92

一応、ユーチューバーやらせてもろてます

以前、自宅アパートの駐車場で遊んでいる男子小学生集団に「ねぇねぇ、ユーチューバーなの?」と声をかけられました。「そうやで」と答えると、間髪を容れずに「チャンネル登録者数いくつ?」と質問を投げかけられ、僕がそこそこのドヤ顔をしながら「34万人もおるんやで」と答えると、「まぁまぁだね」というドライな感想。さらに、「ここから伸び悩む時期が来るよ」という不思議な説得力に満ちた予測と、「サムネ作りが上手いチャンネルは伸びるよ」というありがたいアドバイスを矢継ぎ早に頂戴しました。

そうか、普段からヒカキンさんのチャンネルなどを視聴し、800万人という規格外のチャンネル登録者数を見慣れている彼らにとって、34万人程度のチャン

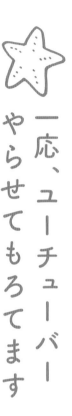

ネル登録者数は雑魚同然なのだ、ということに気づき、僕はゆるやかにドヤ顔を解除していきました。その後、僕の表情は「顔はヒカキンに似てるのに」という言葉を頂戴したことで哀愁《あいしゅう》に満ちたものになっていたことでしょう。

さて、この件からもわかるように、中堅ユーチューバーのコンサルティングができるくらい、今の小学生はユーチューブを見ています。小学生の2019年「将来つきたい職業」（小学生白書調べ）で、男子の1位にユーチューバーなどのネット配信者が輝くなど、もはやユーチューブは一時的なムーブメントではなく、カルチャーの一つとして子どもたちの間に定着している感すらあります。

それに伴って、お子さんを持つ親御さんから「**我が子が、将来はユーチューバーになりたいと言ってるのですが、どうしたらいいでしょうか？**」という質問をよせられる機会が増えました。せっかくなので、その質問に対する僕なりの回答をこちらに書いてみたいと思います。

結論から申し上げると、「1回やらせてみたらいい」と考えています。なぜなら、ユーチューブチャンネルを運営することで、今後、社会に出たあとに大変役立つ能力が数多く身につくからです。

では、どのような能力が身につくのでしょうか。

まず挙げられるのが、**プレゼンテーション能力が高まる**という点です。多くのユーチューバーは、自分で撮影した動画を、自ら編集しています。編集作業では、自分が撮った動画を何度も何度も繰り返し見ることになります。自分がしゃべっている姿を客観的に見ることで、滑舌や発声や表情など、改善点も見つかるはずです。

また、不要な言葉を編集でカットしたり、シーンの順番を入れ替えたりといった作業を重ねることで、物事を伝える際の構成や言葉選びが上手くなっていきます。編集作業が自分のパフォーマンスのフィードバックとなり、「伝える」という能力を効率よく高めることができるのです。

ましてや、「面白さ」という抽象的かつ人によって価値観が大きく違う感情を伝えるのは、非常に難易度が高いことです。これができるようになれば、受験や就活の面接のときも役立つでしょうし、社会に出てからも営業の仕事や企画プレゼンといった業務で活かすことができるでしょう。

そして次に、**「答えのない問い」と向き合う姿勢がつちかわれます。** ユーチューブチャンネルを成長させていくのは本当に大変です。当てずっぽうでやりたい動画をただ上げていても、まず伸びません。

再生回数やチャンネル登録者数を伸ばすためには、視聴者のニーズや人気動画の傾向などをリサーチし、それらを踏まえた上で企画を立て、どのようなタイトルにし、どういったタグを設定して、どんなサムネイルを作れば視聴数が伸びるのかなど、全ての要素においてより効果的な計画をしていく必要があります。

こういった情報は、誰も教えてはくれません。なぜなら、誰も正解を知らないからです。失敗を繰り返しながら、どこが悪かったのかを分析し、こうすれば伸びるのではないかと仮説を立て、実践し、結果を受けて仮説が正しかったのかを検証する。その中で、自分なりのやり方を見つけていかなければなりません。こうした経験によって、正解が用意されている学校のテストでは身につかない、**「答えのない問い」**に対する姿勢がつちかわれていきます。

そして、なんと言っても**動画編集の技術が身につくというのは大きなメリット**と言えるでしょう。これから5Gが普及することで、より動画の需要が高まります。それに伴って、動画編集ができる人材の価値も高まりますので、ユーチューブチャンネルの運営を経て身につけた独自の編集技術は、大きな武器になるでしょう。

このようなメリットがある一方で、もちろんリスクもあります。もしお子さんが「反社会勢力の事務所にピンポンダッシュしてみた」といった動画や、「大型家電万引してみた」といった動画をユーチューブに投稿しようと企画していたら、全力で止めなければなりません。再生回数が伸び悩む中で、視聴回数を稼ぐために過激な動画をアップしてしまうユーチューバーは、残念ながら数多く存在します。ましてや、社会常識を身に着けていない、子どもが考える企画ですので、炎上してしまうリスクは大いにあります。ですので、そこは親御さんが管理して、リスクマネジメントをしてあげながらやっていく必要があるでしょう。

そして、「1回やらせてみたらいい」と思う一番の理由は、やってみたらあまりの大変さに、二度とユーチューバーになりたいなんて言わなくなる可能性が高いからです。やってみたらわかります。視聴者数もチャンネル登録者数も、本当に伸びません。4時間撮影して、6時間編集して、再生回数20回、唯一ついたコメントが「つまんね」だけだったときの虚無感。そんなときは、ご飯を食べても味がしません。

限りある人生の貴重な10時間を費やして一体俺は何をしているのだ、という自分からの問いに対する答えが見つからない。こんな思いを何ヶ月、何年と繰り返して、上手くはまれば数字がついてきます。逆にはまらなければ、何年やっても伸びません。ちなみにですが、数あるユーチューブチャンネルの中で、登録者数10万人を超えているのは全体の0・4％と言われています。あのときの小学生に対して声を大にして言いたい、「俺、結構すごいんだから！」と。

兎にも角にも、「遊びながら人気者になって大金稼ぐぜイェイ」くらいのテンションでユーチューバーを志したら、絶対に挫折します。なので、早めに挫折させて、人生設計を見直してもらうというのも一つの手だと思います。

逆に、伸び悩んでいても気にせず、楽しく動画制作をしている場合は、「作ることそのものが好き」という大変素晴らしい才能の持ち主です。そのクリエイター気質を存分に応援してあげてください。

そして、もし本当にバズってお子さんが大人気ユーチューバーになったとしたら、お子さんに言ってもらいたい言葉があります。それは「**せやろがいおじさんとコラボしてあげて**」です。お願いします。小学生たちの予言が見事に的中して、絶賛伸び悩み中なのです。

ぜひ、若きユーチューブスターにフックアップしてもらいたいので、せやろがいおじさんはユーチューバーを志すお子さんを応援してるで～。

ユーチューブは学びながら遊べる場！

せやろがい！

撮影

これからも
泥くさく
ユーチューブ
頑張るで〜!

全員に認められなくてもええやん？

僕は、おかしいと思ったことには黙らず声を上げてほしい、それはとても大切なことであると、この本の中でも繰り返しお伝えしています。「それはわかったから！」という人も、ぜひ、続きを読んでみてください。

賢明なみなさんは、すでにお気づきかと思いますが、おかしいと思ったことに勇気を持って声を上げると、必ず、何らかの批判を受けることになります。僕自身、動画を投稿するごとに、たくさんのご批判を頂戴しております……。そこで、そのような批判があったとき、どういう風に受け止めたらいいか、僕なりの流儀をご紹介できればと思います。

ユーチューブのチャンネルを開設した当初、あまりにたくさんの批判に、正直「これ、ちょっと心に来るな」と、気持ちが揺れた時期がありました。コメント欄をちらりと見ると、心をえぐられるような批判の数々……。そこで、こう思ったんです。**「こうした批判について、自分なりの〝考え方〟をしっかり持っておかないと、このコンテンツは長続きしないだろう」**と。

そこで、批判に動揺しつつも、自分なりの〝考え方〟を確立するため、頑張って批判コメントを眺めているうちに、それらが大きく分けて3つにカテゴライズできるということがわかったんです。1つ目は、「ただ、悪口を言いたいだけ」なもの、俗に言うクソリプですね。たとえば、顔が生理的に無理だとか、すね毛が汚いだとか、そういう〝ただ文句を言いたい〟だけのコメントです。2つ目は、いわゆる真っ当な意見や、指摘。情報の間違いを正してくれるコメントです。

まずは、この2つのタイプの批判を〝ごちゃ混ぜ〟にしないこと。ただ文句を言いたいだけのコメントと、一見厳しく思えても、しっかり情報を正してくれるコメント、それぞれ適切な受け止め方をする必要があります。

2つ目の真っ当な指摘に関しては、きちんと受け止めることで新しい発見がありますし、**自分自身の考え方をより良いものに〝更新〟していく材料になります**。自分の間違いと向き合うときは、それなりに「ウッ」とはなりますが、この痛みと向き合う覚悟は必要です。痛みを通した学びこそ大事。

しかし、1つ目の〝ただ文句を言いたい〟だけのコメントに真摯に向き合っていると、当然ですが、めちゃくちゃ心が疲れます。しかも、意味のない疲労です。なぜなら「顔が生理的に無理」だと言われても、「じゃあ、顔にメスを入れてから動画をアップするようにしよう」とはなりませんよね……。そう、ただ文句を言いたい人に関しては、完全にスルー。相手にしないようにすることです。

したがって、**完全にスルーすべきコメントと、「確かに！」「あ、これ間違ってたな」と気づかせてくれるコメントを、きちんと〝選別する作業〟がポイントなんです。**

ところが、厄介なのは、「言いたいこと、批判したいことがあるのはわかるけれど、言葉が汚い」という、3つ目のタイプの批判。確かに、言っていることには「なるほど」と思えても、その言葉が汚いと素直に受け止める気持ちになれません。クソリプのクソの部分だけ取り除いて、ためになる言葉だけ糧《かて》にするという作業は、かなり心に負荷をかけます。

なので僕は、どんなに真っ当なことを言っていても、クソリプの要素が入っていたら完全にスルーすることに決めています。だって、A5ランクの極上ステーキに、もしうんこがついていたら「よし、うんこだけ取り除いて食べよう」ってなりますか？　なりませんよね。それと同じです。

では、そんな汚い言葉での批判や、あるいは〝ただ文句を言いたい〟だけの批判で、心が「ウッ」となったとき、僕がどういう風に捉えているか、ご紹介していきましょう。

実は、**人間という生き物は、たとえ100個の〝お褒めの言葉〟があっても、たった1個の〝批判の言葉〟があったら「ウッ」と苦しくなるものなんです。**これればかりは、仕方がありません。なぜなら、これは人間の「生存本能」として脳に組み込まれているシステムだからです。

たとえば、マンモスを狩っているときに、踏みつぶされるリスクを背負ってでもマンモスの正面に出て退治するタイプの人がいたとしましょう。そこで、無事にマンモスを退治することができたら、その人の狩りに対する賞賛の声が集まるかもしれません。しかし、一方では「お前、そんな危ない狩り方していたら、いつか踏みつぶされて、死んでまうぞ！」という、耳の痛いことを言い出す人もいるわけです。
ここで、耳の痛いことを聞かずに賞賛ばかりを心にとめていると、この人はいずれ死んでしまうことでしょう。なぜなら、自分の至らないところを指摘してくれる批判に耳を貸さず、リスクを冒し続けたためです。**だからこそ、人間という生物が生き残っていくためにも、「批判的な意見の方が、自分の心の中により強く残るような仕組み」になっているのです。**

ですから、たった一つの否定的な言葉ですごく落ち込んでいる自分に対して、「メンタル弱いな」とへこむ必要はありません。そうではなく、「これは、そういう脳のシステムなんだ」「本能なんだから、しょうがない」と、割り切ってほしいのです。いわゆる〝落ち込みの割り切り〟とでも言いましょうか、これは機械的に行っていただきたいことの一つです。言われたことに、いちいち落ち込んでいると、「俺、メンタル弱いな」「こんなことぐらい、受け止められるようにならんと」といった、自らに対するコンプレックスが生じ、いわゆる二次災害が起きる可能性も……。そんな〝自分いじめ〟はやめて、くれぐれも割り切ってほしいところですね。

もちろん、抱く感情までコントロールすることはできませんから、言われたことに対するへこみ自体は、どうしようもありません。しかし、そこからの二次災害を防ぐためにも、繰り返しますが「これは、そういう脳のシステムなんだ」「本能なんだから、しょうがない」と自分の中で自覚しておくことが大切なんです。僕自身、この割り切り方が、ずいぶん功を奏しているように思います。

そもそも、誰かが何らかの意見を言ったとして、日本の1億3千万人全員が「その通り！」と同意することは、絶対ありませんよね。なぜなら、日本食のスタンダード中のスタンダードの米ですら、「嫌い」という人もいるわけですから。したがって、「なんで、俺の意見に反対する人がいるんだ！」と思うなら、

「俺は、米以上の存在なのか？」とでも、自分に問いかけてみてください。きっと、「さすがに、米よりは上じゃないわ……」と、どこか謙虚な気持ちを取り戻せることでしょう。

たとえば、誰がどう見ても、それこそ人類全員が「うまそうや」と思う実がなっていて、人類全員が「うまい！」と感じたとしても、もし、この実が〝食べた半年後に毒が回って死んでしまう〟ものだったら、どうなるでしょうか？　そう、人類は絶滅してしまうんです。「いや、これなんかキモイわ」「食べたくないわ」という人がいるからこそ、人類は生き延びてきたという経緯があるわけです。これも、人間の生存本能の仕業なんです。

むしろ、１００人褒めてくれているのに、ひとりだけ批判する人が現れたら、僕は「なんでお前、そんなこと言うねん！」ではなく、「お前みたいなやつがいるから、人類は生き残っているんだぜっ！　ありがとう‼」なんて思ったりしていますね。

こうした批判の受け止め方と、批判のタイプごとに分ける作業が、僕なりのポイントです。カテゴライズして、肥料にもならないただのゴミなのか、それとも肥やしになる意見なのか、しっかり見極めるようにしてみてください。

どうしても受け止められない批判にあったときは、先述したように「人間の生存本能の仕業なんだから、しゃーない」と受け止めてみたらええんとちゃうか〜。

スケールでっっっかく考えてこ～

せやろがい！

僕が叫ぶ理由について 話そか～

僕は、ネットなどでバチバチの議論が、誹謗中傷や人格否定にまで発展しているのを見かけるたびに、「いったい何のために意見したり、ネット上で考えを発信しているのだろう」と考えこむことが、これまでに多くありました。そして、たどり着いた答えは、「**自分の〝正しさ〟を証明するために意見を発信している人が、一定数いるのでは？**」ということ。

そのような発信をしている人も、もちろん、その考えに至るまでには、色々な紆余曲折《うよきょくせつ》があったと思うんです。情報を仕入れ、実際に何かが起こり、聞き出した意見をもとに「今、私はこう考えている」となるわけですね。それはどんな意見であれ、とても大切な考えだと思います。色々なところを冒険して、ようやく手に入れた宝物のような存在ですから。

そんなお宝であったとしても、「これ、いいでしょう!」とネットで発信すれば、必ず批判する人も現れます。そんなとき、自分が苦労して手に入れたお宝に文句を言われたように感じて、「いやこのお宝(考え)は素晴らしいんだ!」と凝り固まり、結果として、お互いの意見が平行線をたどったまま、攻撃性だけ高まってしまうケースが多いのではと思っているんです。

僕自身、そういう部分があります。正直、「苦労して手にしたお宝(考え)を否定された!」とばかりに落ち込むこともあります。ただし、一方で「確かにそうやな」「そういう考え方もあるわ!」「だけどそれは、おかしいんじゃないの?」というように、発信してこそ得られる意見もあるわけです。**自分が意見を発信することで他の意見が集まり、自分の考えが〝更新〟されていくのです。**

したがって、意見を発信するときに、「これ、ええでっしゃろ〜」「ワイのお宝でっせ〜」と自慢し、「すご〜い！」と〝賞賛〟が集まることに快感を覚えるのではなくて、意見を発信することで新たな意見が集まり、「**発信する前は思いもよらなかったけれど、俺の意見はこんな風に変わったなあ**」と、考えが更新されたこと、あるいは考えが更新されたことによって、どれぐらい自分が変わったか。そういったポイントに快感を覚えていった方が良いのではないかと思います。

以前、沖縄に大型の台風が接近しているときに注意喚起の動画を投稿して「こんな台風来るからみんな気をつけてや」「こんな対策していきましょう」と呼びかけたことがありました。そのとき、「こんなにひどい台風のときまで出社させる企業、どないやねん！」「ちゃんと休ませたり〜や」というようなことを言ったんですね。それは、僕にとって〝圧倒的に正しい〟発信でした。

ところが、動画をアップしたことで、休みたくても働かざるを得ない人の存在に気づくことができたんです。みなさんから「病院で働いている人とか、ホテルで働いている人も、宿泊者がいるから働かなくちゃいけないいんです」「こういう人もいること、わかっていますか？」というご指摘を頂いたことで、「まったくわかってなかったな」と。しかも、あろうことか、その動画を投稿するとき、僕は動画編集のためにホテルに泊まっていたんです……。とてつもない欺瞞《ぎまん》。「恥ずかしい〜」と思うと同時に、「これ、今知ることができて、本当に良かった」と、心から思いました。

そのとき、自分の視野の狭さに落ち込むとともに、不思議な気持ちよさを感じたんです。それはまるで、自分の意見が〝補強〟されたような感覚でした。だからこそ、**発信は「ゴール」じゃなくて、気持ちの上ではあくまでも「スタート」ぐらいに思っておいた方が良いかもしれません。**

情報を集めたり、意見を聞いたりして、発信することこそがゴールだと考えている人は、そのあと他人の意見を受け入れづらくなると思うからです。

発信をする際に集めた情報や思索は、あくまで考えるための準備体操、ストレッチのようなもの。発信したら「位置について〜。用意ドン！」で、そこから色んな意見や批判を追い風にして、スタート地点からどれくらい進めたのか？進んだ先で、どんな景色が見えるようになるのか？　そういったところに価値を置いた方が、自分の成長につながるのではないでしょうか。

第3章

色んな意見を聞いて
考えをアップデートしてこ〜

せやろがい！

会話のキャッチボールをさせてくれ！

最近、日本の現状を的確に表している言葉と出会いました。それが「**我々がしたいのは会話のキャッチボールだが、今行われているのは会話のドッジボールだ**」という言葉です。確かに現在、強い言葉を相手にぶつけて、「痛い痛い！」と言っている姿を見ては、「フフフ、論破」とほくそ笑むようなやり取りが主流になっている気がします。

残念ながら、現在のネット空間における言論の主流は、会話のドッジボールとなっています。しかし、これが「私はこう思ってますよ～」と相手の取りやすい球を投げて、相手はそれを受け取り「私はこう思いますよ～」という会話の

キャッチボールになり、新たな発見をしたり、異なる視野を備えることで、自分の考えを更新できればいいなと僕は思います。

今でこそ色々な発言をしている僕ですが、第2章（P.94参照）でも話した通り、はじめて政治的なことに触れたのは、沖縄県知事選についてでした。その動画をアップした際、コメント欄がとんでもなく地獄のように〝荒れ〟てしまい、罵詈雑言《ばりぞうごん》が飛び交う「大ドッジボール大会」の会場と化したんです。中でも沖縄県民への差別発言を、汚い言葉でガンガン投稿するドッジボール選手がいて、「こいつ肩、強ぉ!!」と思いながら眺め、その人を勝手に「エース」と名付けていました。

辟易《へきえき》としてしまった僕は、その日は眠りについて、翌朝フェイスブックからの通知を見てみると、なんと、「エース」がまだ、コメントをしていました。しかも、よくよく見ると、一晩中コメントし続けていたのです。シンプルに、スタミナがえぐい。もうその瞬間、彼を「鉄人エース」と心の中で改名しました。たまりかねた友人からは「あいつをブロックしてくれ」と言われたものですが、僕は「一晩中コメントし続けるなんて、それなりの〝思い〟がないと無理やな」と思ったんです。

だって、考えてもみてください。たとえばゲームなど、好きなことや楽しいことであっても、丸一日やり続けるのは、おそらくしんどいはずですよね……。つまり、それ相応の「言いたいこと」があるはずでは、と思ったわけです。

そこで僕は、**相手の意向を認めながら、あえて丁寧な言葉で応答するという、ちょっとした実験をしてみました**。つまり、「あなたがおっしゃることは、こういうことですよね。でも、私はこういう考えなんですけど、どう思いますか？」と、球を投げてみたんです。そうすると、不思議なことに相手の汚い言葉が次第に少なくなり、最終的には普通に会話ができるようになりました。あの「鉄人エース」が、ドッジボール選手を引退して、キャッチボールの相手をしてくれるようになったんです。これは大ニュースですよ。結局、意見では折り合いがつきませんでしたが、「なるほど、そういう考えなのですね」と〝意見の交換〟をすることはできました。

この一件は、今でも僕の中で、大きな成功体験の一つになっています。普通に生きていても、一方的にドッジボールを仕掛けてくる人はたくさんいるかと思います。そんなとき、球がバーンと当たって「痛い、何をするんだ！　倍返しだ！」ときつい言葉を投げ返してドッジボールをはじめるのではなく、「こっちはドッジボールじゃなくて、キャッチボールをしたいんですよっ」と、受け取りやすい球を投げ返してみたら、「あ、キャッチボールだったのね」と、受け取りやすい球を投げ返してくれるかもしれません。

もちろん、こちらがいくらキャッチボールの球を投げても、「知らんがな、俺はドッジボールがしたいんじゃい！」という人も、一定数、確実に存在します。そういう方々に関しては、どんな手を使っても、結果的に建設的なやり取りにならないことがほとんど。ですから、相手をせず、ドッジボール会場から立ち去ることをおすすめします。

ところで、こうした話、つまり言葉がとがりすぎないように意見を発信していこうという議論をしていると、いわゆる「トーンポリシング」についても触れざるを得ないわけです。「トーンポリシング」というのは、直訳すると〝しゃべるトーンを取り締まる〟というような意味。たとえば、小学校で、ひとりの子どもが「先生！　先生の書いている黒板の字、間違ってますよ！」と指摘したとしましょう。この場合、もっとも大切なことは、〝先生が間違えた文字を、他の子どもたちが間違えて覚えないこと〟です。これに対しては、みなさんもよくおわかりいただけるのではないでしょうか。

ところが、生徒の言葉にカッと来た先生が、「お前、なんだ！　その口の利き方は！」という発言をしたら、これがまさに「トーンポリシング」なんです。つまり、〝間違った文字を正す〟ではなく、生徒の〝言い方〟を取り締まろうとしていますよね。問題の本質から論点がズレているんです。

また、弱い立場の人は強い言葉を思い切って使わないと、なかなか問題が伝わらないという面もあることから、「トーンポリシングするのはあまり良くない」という考え方が主流となっています。

社会的に弱い立場の人たちや、少数派な人たちが、虐げられているときなどは、それを変えるため強い言葉を用いる必要があります。しかし、**社会問題をより広く、多くの人に広めるためには、言葉の「トーン」を意識的に調整していくという作業も必要になってくると思っています。**

たとえば、みんなである社会問題について、話しているとしましょう。一部の人たちがとがった言葉を用いて議論をしはじめたら、一般的な感覚を持った人たちは「私も、この問題について意見するぞ！」とはなりづらいと思います。おそらく「このことについて話をしたら、私もボコボコに論破されるかも」「ちょっとこの話、触れないでおこう」となるのではないでしょうか。すると、その社会問題が「ハレモノ化」してしまい、一部の人しか語れなくなってしまいますよね。そうなると、問題の広がりを阻害してしまうのではと、危惧しているんです。最近で言えば、「#安倍やめろ」という強い言葉で行われたSNSデモよりも、「#検察庁法改正案に抗議します」という丁寧な言葉を用いて行われたSNSデモの方が、より大きなムーブメントを起こしたといった例もあります。

人間って、感情で動く生き物ですから、トーンにあおられて感情的になり、論調がヒートアップして、話題がズレていくというのは、よくあることかと思います。

ですので、社会問題について議論をする際に、言葉が強くなっている人を見かけたら、「この言葉の方がもっと多くの人に受け入れられるんじゃない?」「この表現変えてみない?」といった、「トーンサジェスチョン」をしてみてはいかがでしょうか。「ポリシング(取り締まる)」ではなく、「サジェスチョン(提案)」という形で、議論全体のトーンを調整して、より建設的な議論になれば良いなと思います。

当然、ネット上では、相手のしゃべる口調や表情などがわからないぶん、トーン自体がわかりづらい、ということも多いでしょう。「そんなつもりで言ったんじゃないのに」ということが頻繁《ひんぱん》に起こります。そんなとき、僕が気をつけているのは、**相手の主張で僕が「そうやな」と思ったことから、まずお伝えすること**。「確かに、あなたの言ってることはこうですよね。わかります。でも、僕はこう思うんです」という流れを作る。まずは「確かに」から入ってみよう、ということです。小手先のテクニカルな話になってしまい恐縮ですが、こうしたさりげない言葉や工夫の積み重ねが、割と効果的に雰囲気を和らげたりするものです。すぐには難しいかもしれませんが、訓練次第で、柔軟に対応することができるようになるでしょう。

もちろん、受け手側もトーンに左右されず、内容をしっかり把握していくリテラシーを持つことが必要だと思っています。「それは完全に差別やろ!」という発言に関しては、相手の言葉を一旦全て受け止めることをせず、「いえ、それは差別です」「違います」と、はっきり否定することも必要です。人権に関わるような差別問題には、毅然《きぜん》とした態度で接するべきだと思っています。

それは、社会のためでもありますが、相手のためでもあります。差別は僕自身がそうだったように「自分の中に差別意識がある」と自覚することで、はじめて気づくものだと思うからです。あなたのその毅然とした発言で相手はそのことに気づくかもしれませんし、もし自覚があっての発言だったとしても、それはその人自身の問題であり、あなたの意見とは何の関係もないんです。

より多くの人が語れるよう
トーン調節してこ～!
せやろがい!

チボールしてくれな～

これからも、僕とキャッ

小声でもええから声上げてみよ〜

ここで、あらためて声を上げることの大切さ、「おかしい」と思うことに批判を投げかけることの重要さについて、お話したいと思います。

まず、批判という言葉に、あまり良い印象を持たない人も多いかもしれませんね。しかし、批判自体は決して悪いことではありません。たとえば、仮に99点の政権があったとしましょう。その政権に対して「99点という高得点なんやからええやんけ！」とするのではなく、〝マイナス1点の部分〟に声を上げ、批判することによって、**99点の政権を〝100点満点〟の政権に近づけていく必要があると思うからです。**

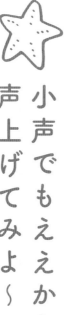

ところが、何か大きな災害があって、政府の対応が悪かったとき、「こんなときに批判するな！」ですとか、「批判せずに、一致団結していこうよ」といった声も多く見られます。つまり、批判している人に「批判するな」と批判しているわけですね。なんでしょう、この「辛そうで辛くないちょっと辛いラー油」みたいな状況は……。せっかくの議論の目的を、「批判の批判」にすり替えてしまうのは、非常にもったいないことです。批判の内容について議論の主題をさいたり、問題の本質を探る方に全振りした方が合理的だと感じます。

実際に、我々が声を上げることによって良い方向に変わっていったこともあります。新型コロナウイルスの影響で経済が落ち込んだとき、政策として最初は「お肉券とお魚券配るよ」となっていたものが、次第に「では、条件付きで30万円を給付しましょう」ということになる。「いや、30万円給付の条件、めちゃめちゃ厳しいやんけ！」と怒っていたら、「じゃあ、一世帯、ひとりごとに10万円現金給付しましょう」となったわけです。しかも、「世帯での給付やったら、DV被害を受けていて世帯主と離れて生活している人は、どうなるんや！」と声を上げたら、さらに風潮が変わっていきましたよね。

つまり、**「声を上げることで、確実に行政は動くんだ」という非常に貴重な成功体験を、我々は得ることができたんです。**逆に言えば、これまで、あまりに何も変わらなすぎたので、どこか諦めの気持ちが出ていた人も多かったはず。そのために、声を上げる人たちが、どこかマイノリティーのような扱いになっていたんです。「ちょっと変なやつ」「痛いやつ」なんて思われていたかもしれませんね。その扱いが変わりつつあることは、コロナ禍における、不幸中の幸いかもしれません。

自分のことで言えば、動画を作りはじめたことで、本当に色々な声が届くようになりました。「僕の地域では、こんな問題が起きているんですよ」「実情は、こうなっているんです」といったメッセージをたくさん頂くようになったんです。その中には、正直「マジか……」とため息が出るような案件もたくさんあります。

たとえば、長崎に〝石木ダム〟というダム建設の動きがあります。建設予定地は、60人13世帯ぐらいの小さな村なんですが、その小さな村が今まさに、ダムの下に沈もうとしているわけですね。でも、この計画案が立ち上がったのは、実はもう何十年も前の話。したがって、当時と今では、変わっていることがたくさんあるんです。この話は、実際に動画の中でも取り上げまして、もっと詳しく話しているのですが、そもそも、必要性自体が疑わしいですし、なにより住民が納得できる説明ができていない。そんな中、ダムの工事が強行されようとしているんです。しかも、無理やり強制収用（国や地方自治体が、公共の利益となる事業のために、私有の土地や物件などを強制的に取得すること）し、村民を村に住めなくするといった、本当に強引なやり方をしていると……。

これ、むちゃくちゃな話だと思いませんか？　そこで、この件について声を上げている方がたくさんいらっしゃるんですが、たぶん、みなさんはご存知ないことでしょう。**その大きな原因の一つとして、「見て見ぬふりしている人が多い」ことがあるように思います。**

つまり、「こんな大変なことが起きています！」と聞いても、見て見ぬふりをするのが賢い立ち振る舞いと申しますか、「何か言えば、どこかで叩かれるかもしれないし、私には関係ない。とりあえず、自分の生活だけ守れていればいいだろう」と考える人が、大多数を占めているのではないでしょうか？　だからこそ、あらゆる社会問題が広まりにくい世の中になっているのだと思います。そういう無意識を含めた、〝我が身可愛さ〟で行動する人は、「自分の身に降りかかったとしたら？」という視点を持ってみるのはどうでしょうか。

たとえば、あなたがどこかの沼にはまってしまったとしましょう。ずぶずぶずぶずぶ、ちょっとずつ沈んでしまっているという、まさに危機的状況。そこで「誰か助けて！」と叫んだとき、大多数の人が「なんか声出している人がいるけど、私も一緒に引きずりこまれたら嫌やし、見て見ぬふりしよう」と言って、通り過ぎていく世の中なんです。どうでしょう。ずいぶん怖い世の中だと思いませんか？

こういう事態は、みなさんの身に、いつどこで降りかかるか、誰もわかりません。だからこそ、「見て見ぬふりが、賢い処世術」などと構えているようでは、実際に、自分に何かが起こったとき、手痛いしっぺ返しをくらうかもしれません。どんな人の声にでも耳を傾けることができる〝風通しの良い風潮〟を作っていくことが大切だと思います。

誰かが沼に沈んでいたら、確かに、ひとりで助けるのは大変かもしれません。しかし、助けを呼ぶ声を聞いたあなたが「みんな！　人が沈みかけているよ！」「一緒に助けよう！」と声を上げるだけで、声の大きさは倍になります。そうやって助けを求める人の声に耳を傾け、一緒に声を上げる、行動する人の輪がつながることで、その人はきっと助かることでしょう。

だから僕は、ひとりが声を上げることで、耳を傾けて助けてくれる人たちが集まってくる。そして、集まってきた人が小声でもいいから同じように声を上げてくれる、そういう世の中になればいいなと思います。

せやろがい!
まずは耳をすませてみること
からはじめようや!

な声ひろって
くしてこ~

僕も自信満々で叫んでるわけちゃうんやで

今や、ネットのみならずテレビや新聞と、様々な媒体を通じて発信をさせてもらっている僕ですが、いまだに「なんで、みんなこんなにフォローしてくれているんやろ」「なんで、こんなに意見を拡散してくれてるんやろ」と、あまり〝よくわかっていない〟というのが、正直なところ……。

専門的な勉強をして何かに長けているわけでもありませんし、お笑い芸人としても、笑いの才能がものすごくあって、それ一本で売れたわけでもない。身体能力に恵まれて、とてつもないアクロバティックな回転やひねりを加えて海にダイブしているわけでもありません。なんの才能もない男なんです。では、なぜこん

なに支持してくださる方が多いのだろうと考えたとき、**唯一の僕の〝才能〟は、「自分に自信が持てないこと」じゃないかな**、と思ったんです。

僕は、はっきり言って、自分に自信がないです。動画では勢いよく話していますから、そう感じる人は少ないかもしれません。しかし、よくよく見ていただくと、「ここで保険かけてるな」「めちゃめちゃデータ厚めに出してきとんな」と感じられる場面も多いはず。これはもう、自信のなさの表れです。自信がないからこそ、「これ大丈夫なんか?」「もうちょっと言葉変えようかな?」「データ、これで本当に合っているのかな」と、色々努力して、工夫するわけです。その中には、もちろん失敗や情報の漏れもありますよ。でも、自信がないからこそ、一応自分なりに点検しているんです。ミスも多いですが……。

一方で、誰とは言いませんが、非常に失言の多い政治家もいらっしゃる。そういう方は、すごく名門の、超お金持ちの家に生まれて、名門と言われる学校に通って、そこで学んで政治家に当選して……。つまり、自分の言葉を裏付けするバックボーンがあり過ぎて、自信の塊になってしまっていると思うんです。そのために、自分の言葉のチェック機能を失って、口を開けば「あ、そう」「あ〜そう」と、僕たちがどん引きするようなことしか言わない人もいますよね。もちろん、支持者が集まる場所で、ついつい調子にのって余計なことを言ってしまうといった背景もあるかもしれませんが、その多くは、やはり点検機能を失った末での失言だと考えています。

僕は、この本の中でも繰り返し「みなさん、どんどん声を上げていきましょう」と書いていますが、「私なんて、全然ダメですよ……」と思っている人の方が、少なくとも失言だらけの大臣より、しっかり自分の言葉をチェックして人に届けることができるんじゃないかな、と思っています。さすがに「ふんどしをしめて、海行って、ドローン飛ばして、声を上げようぜ！」とは言いませんけれども、「**自分なんて**」**と思っている人ほど、ぜひ、ご自分のSNSなどで意見を発信してみてください**。自分の言葉を、きちんとチェックできるはずですから。

「SNSなんて、とても！」という人は、半径5メートル以内にいる家族や友人、恋人などに、「こんな問題があるけど、僕はこう思うんだよね」と話すだけでもいいと思います。たとえ半径5メートルでも、それらが重なり合ったら、日本全土をおおい尽くすことが可能だからです。**自信がないのは僕も同じですし、実はその自信のなさ自体が、一種の才能ではないでしょうか**。

僕のアップする動画でも、もっとも多いコメントは「思ったこと全部言ってくれた」「代弁してくれた」というようなもの。それを見るたび、僕は「やっぱりみんな思ってるやん！」となるわけです。みなさんも自信のなさから口をつぐんでいるかもしれませんが、それは僕も同じだということを、何度でも伝えたいと思います。今、口をつぐんでいるみなさんが、その自信のなさを武器に少しずつでも声を上げはじめたら、世の中の風潮は確実に変わっていくことでしょう。

それでも「自分で発信するのはちょっと……」という方もいると思います。そんな方にとって、「発信しろ、声を上げろ」とばかり言っているこの本を読み進めるのは、さぞかし苦痛だったかと思います。ここまで読み進めたあなた様の我慢強さに、拍手を送らせてください。そういった、自ら矢面に立って発信できないという方は、応援している人をフォローとして支えるというやり方もあると思います。この本を手にとってくださっているということは、少なからず僕のことを応援してくださっていると思っています。たとえば、僕の動画をリツイートしたり、いいねしたり、お知り合いにすすめていただいたりすると、すごく力になります。

そんなやり方で、応援している方を上手にフォローしていく、そして気が向いたときにでも、引用して意見を言ってみる、そういった方法も良いのではないでしょうか。

自分に合ったやり方で、
世の中に関わっていこ〜
せやろがい！

おわりに

僕は、20代後半ぐらいまでは、社会的なことに何の興味関心もなかったし、選挙の投票にも行ったことがない人間でした。

学生時代に一つの分野についてすごく勉強したことがあるわけでもなく、世の中のことについて何も知らない、無関心な人間だったんです。

そんなとき、荻上チキさんの「Session-22」というラジオに出会って、世の中のことを知るきっかけをもらえました。そのうち、自分でも調べたり勉強するようになり、今こうやって発信するまでになったんです。

僕が作っている動画は、5~7分ぐらいの本当に短いものなので、一つの社会問題を語るには情報としては薄っぺらい。あくまで、知るきっかけにしかなりえない動画です。

でも、もし僕の動画やこの本を読んで、何かを知るきっかけとして、色々なものを調べたり、誰かとその話をしてくれるようなことがあれば、それはすごく嬉しいことだなと思っています。

何も知らないということはそんなに恥ずかしいことじゃないけど、

何も知ろうとしないということはもったいないことです。

僕も最初はそうだったように、「今、何も知らないな」と思っているあなたとスタート地点は、変わらないんです。なんなら、今もまだ勉強の日々ですので、みなさんの方が知っていることもたくさんあると思います。
ちょっとでも、みなさんが社会で起こっていることを話しやすい空気になったり、思っていることを言い合える、風通しのいい世の中になればいいなと思うので、ぜひ周りにいる方とこの本のことを話してみてください。

最後に、この本を読んで声を上げようと思ってくれたあなたの声が、
僕に届いて、僕が色んなことを知ることができたら……。
今度はあなたが、僕の知るきっかけになってくれたらとても嬉しいです。
僕が声を上げることで、みんなが声を上げるきっかけになるのなら、
これから何度だって声を上げ続けます。
僕と、みなさんそれぞれが知るきっかけになり合えれば最高ですよね。

せやろがいおじさん（榎森耕助）

CARNIVAL

これからも
小さい声の
拡声器として
よろしくな〜

デザイン	西垂水 敦　市川さつき(krran)
ドローン撮影	西口晋一(ドローン沖縄)
撮影	照屋寛佳(SITY)
取材協力	堤 玄太郎(SITY)
マネジメント	池根愛美　與那嶺祐助 (オリジン・コーポレーション)
校正	麦秋新社
編集	金城琉南　安田 遥(ワニブックス)

STAFF

せやろがい!ではおさまらない

僕が今、伝えたいこと聞いてくれへんか?

著者　せやろがいおじさん(榎森耕助)

2020年10月20日　初版発行

発行者　横内正昭

編集人　青柳有紀

発行所　株式会社ワニブックス
〒150-8482
東京都渋谷区恵比寿4-4-9　えびす大黒ビル
電話　03-5449-2711(代表)
03-5449-2716(編集部)
ワニブックスHP　http://www.wani.co.jp/
WANI BOOKOUT　http://www.wanibookout.com/
WANI BOOKS NewsCrunch　https://wanibooks-newscrunch.com/

印刷所　株式会社美松堂
DTP　株式会社オノ・エーワン
製本所　ナショナル製本

定価はカバーに表示してあります。
落丁本・乱丁本は小社管理部宛にお送りください。送料は小社負担にてお取替えいたします。ただし、古書店等で購入したものに関してはお取替えできません。
本書の一部、または全部を無断で複写・複製・転載・公衆送信することは法律で認められた範囲を除いて禁じられています。

©せやろがいおじさん2020

ISBN 978-4-8470-9951-9